JN029660

病院では聞けない
最新情報まで全カバー！

妊娠・出産がぜんぶわかる本

産婦人科医・
産婦人科オンライン代表
重見大介

KADOKAWA

はじめに

はじめまして。産婦人科医の重見大介と申します。本書を手に取っていただきありがとうございます。

私は産婦人科医として診療に従事したのち、公衆衛生大学院へ進学しました。その際に「病院の中にいるだけでは手が届かない女性の健康課題を解決する」ことの重要性を考え、それを実現するために、現在は臨床研究、ベンチャー企業での事業運営、SNSやメディアでの情報発信などを並行して実践しています。

本書は「私自身の多様な知見を盛り込みながら、科学的根拠に基づいた情報を一冊にまとめ、すべての女性に役立つ本にしたい！」という思いから生まれました。

これまでの臨床経験と最新の医学知識を元に、妊娠前から妊娠中、産後、さらに婦人科全般にわたる実践的な情報とアドバイスを凝縮させています。必ず知っておきたい新常識もまるっと詰め込みました。

本書の特徴として、以下のような内容がわかりやすく網羅されています。

- **病院ではなかなか教えてくれないこと、聞きづらいこと**

・限られた診察時間では伝えにくい、医師が「ぜひ知っておいてほしいこと」
・男性パートナー向けのアドバイス
・性に関する大切な知識や卵子凍結、包括的性教育などのホットトピック

女性に特徴的な健康についての知識を身につけておくことで、健やかに日々の生活を送り、安心して妊娠・出産・子育てへの道を歩むためのガイドとなるはずです。また、婦人科領域の内容も多く含まれていますので、出産を迎えた後や妊娠を経験していない女性にとっても、自分自身の健康と向き合っていくために役立てていただけることと思います。

なお、本書では、生まれた後の赤ちゃんについての記述よりも、女性自身の産前産後の心身の変化やケア・サポートに重点を置きました。妊娠・出産を含めたあらゆるライフステージでご自身の健康を後回しにせず、笑顔で毎日を過ごしてほしい、そんな気持ちを込めています。

今あなたが抱える疑問や不安を解消し、これまで聞いたこともなかった知識を得ることで、明日への希望と自信につながる、そんな一冊を目指しました。ぜひ、長い人生をサポートする味方としてこの本をご活用ください。

産婦人科医　重見大介

目次

序章　妊娠前に知っておきたいこと

第1章　妊娠初期　産婦人科受診から出生前診断まで

第  章

妊娠中期
妊婦さんと赤ちゃんの健康のために

第3章

妊娠後期
いざというときに知っておきたい医学的知識

第4章

いよいよ出産！

いろいろなお産のスタイル

第5章

産後のママのからだの回復

心身ともに訪れる大きな変化

第6章 自分のからだを見つめよう
一生の健康に役立つ知識

Column

※本書に掲載されている情報は、特記している場合をのぞき2023年6月現在のものです。
※p187〜189に参考文献リストが掲載されています。本文中の該当箇所に参考文献番号を付記しています。

デザイン／上坊菜々子
イラスト／SHOKO TAKAHASHI
DTP／三橋理恵子（QuomodoDESIGN）
校正／株式会社夢の本棚社
編集協力／杉本透子
編集／川田央恵（KADOKAWA）

序章

妊娠前に知っておきたいこと

妊娠前

「プレコンセプションケア」ってなに？

プレコンセプションケア（preconception care）という言葉をご存じでしょうか。

直訳すると「妊娠前のケア」となり、国際的な定義では「妊娠前の女性とカップルに医学的・行動的・社会的な保健介入を行うこと」となっています[1]。これは「医師や助産師などケアを提供する側」の目線で書かれた定義ですが、平たく言えば「**妊娠・出産を健康的に迎えるために、妊娠前の女性やカップルが適切な知識を持ち、健康的になる行動をし、社会のケアをきちんと受けること**」と考えることができるでしょう。

プレコンセプションケアの対象となるのは「妊娠を考えている女性」だけと誤解されがちなのですが、そうではありません。以下のすべての人に関係するものなのです。つまり、女性だけでなく男性も、成人だけでなく子どもも、プレコンセプションケアについて知っておくメリットがあります。

- **子ども**
  - ▼妊娠・出産の仕組みの理解と、妊娠率低下につながる行動や要素の把握（知ることで将来妊活の成功率を高められる）など
- **すぐには妊娠を考えていない男女**
  - ▼ライフプランにおける妊娠・出産・育児の捉え方、健康的な生活習慣の維持など
- **妊娠を希望している男女**
  - ▼積極的な情報収集や、妊娠することを重視した生活の工夫など
- **2回目以降の妊娠を考えている男女**
  - ▼過去の妊娠・出産における情報を考慮した上での

図1　プレコンセプションケアの内容

痩せすぎ・太りすぎは妊娠・出産のリスクになる？
今の避妊方法で合ってる？
風疹や麻疹の抗体を持っているかどうかわからない
健康診断で気になることがあったけど大丈夫？
子宮がんや乳がんの検診は受けておくべき？
いつ頃妊娠したい？
ストレスは妊活に影響する？
生活習慣を見直したほうがいい？
今飲んでいる持病の薬は妊娠しても飲み続けていいの？

工夫など

● プレコンセプションケアの内容

プレコンセプションケアにはさまざまな内容が含まれています。生活習慣の改善など自分で対応できるものもありますが、医療機関の受診が必要なものもあります。

一般的なプレコンセプションケアの内容としては、主に**図1**の項目が挙げられます。詳細についてはp12～15のほか、国立成育医療研究センターのウェブサイトを参照してください[2]（https://www.ncchd.go.jp/hospital/about/section/preconception/）。

パートナーが変わるタイミングで性感染症などの検査を受ける、というのもプレコンセプションケアのひとつです。

若いうちから自分の健康状態を把握し、必要な知識を得て、将来に向けて意識・工夫することはとても大切なのです。

妊娠前

妊娠前のケア一覧

● 具体的な人生プラン

まず大切なのは、**自分自身が本当に過ごしていきたい「人生」を考えてみることです。**

10代、20代、30代と、生活環境は変わっていくことが多いものです。その生活環境とは、住む場所、友人関係、仕事や職場、恋愛、結婚、そして妊娠・出産・子育てなどたくさんの要素を含んでいます。特に女性にとって、**いつ頃妊娠を希望するか**、それまで子どもをつくらないなら**今の避妊方法は正しいのか**、**子どもは何人ほしいのか**、それは**自分の人生にとって絶対に優先したい価値なのか**、などは大きなテーマとなるでしょう。事実婚やパートナーシップ制度など法制度にも関連するので、**結婚をどうしたいのか**も併せて考えることとなります。

今すでに妊娠しているのであれば、現在の状況を客観的にみて、これから自分の人生プランをどうしていきたいか、今一度しっかり考えてみる時間をつくってみるとよいでしょう。

● 食事、生活環境
（栄養、アルコール、喫煙、運動など）

妊娠中の栄養バランスや禁酒、禁煙は大事だと多くの方が思っているでしょうが、実は妊娠前（特に妊活開始から）も重要なのです。

妊娠時点での**痩せすぎや肥満は妊娠中の合併症や早産のリスクを高めます**し、妊娠してすぐに禁酒・禁煙をするのが難しい人もいます。妊娠中に運動習慣を保つことはたくさんのメリットがありますが、妊娠前に全然運動していない人が**いきなり妊娠してから運動を始めるのは大変です**。

妊娠前から準備をしておくことで、妊娠中の食事・生活環境をよりよい状態に整えやすくなるでしょう。

● 心身のストレス

今の社会は、ストレスにあふれています。対人関係、仕事、SNSなど、ストレス源となるものはたくさんあり、心身ともに疲弊してしまうことも少なくありません。

ただ、妊活中のストレスは**妊娠率**や**メンタルダウン**に、妊娠中のストレスはさまざまな**マイナートラブル**に影響を及ぼしてしまいます。

ストレスをコントロールするために、まずはなるべく**しっかり睡眠をとれる生活**を心がけ、**適度な運動やヨガ、瞑想など自分に合ったリラックスの手段**を取り入れてみましょう。

「ストレスを感じてるなぁ」と思うときは、**リラックスできる音楽を聴く、スマホの電源を切る、SNSから一時的にログアウトする**など、リフレッシュすることも大切です。

何より大切なのは、自分を優しく扱い、自分のペースを保つことです。

●生活習慣病のチェック
（高血圧、糖尿病、脂質異常症など）

妊娠を考える際に、自身の健康状態と生活習慣病のチェックを行うことはとても重要です。

まずは、定期的に**健康診断**を受け、血液検査や尿検査、子宮頸がん検診などを受けましょう。**40代以降では乳がん検診も大事**です。

また、**高血圧**、**糖尿病**など**生活習慣病のリスク**がある場合は、あらかじめ医師に相談して適切な治療や予防方法を見つけておくとよいでしょう。

ベースとして大切なのは、**適正体重を維持し、バランスのよい食事を心がけ、喫煙や過度のアルコール摂取を避け、適度な運動を行うこと**です。

妊娠が判明してから糖尿病や子宮頸がんの前がん病変（子宮頸部異形成）などが見つかると、本当にショックが大きいですし、妊娠中の対処も大変になってしまいますからね。

●感染症と免疫のチェック
（風疹、肝炎、性感染症など）

妊娠時に知らぬ間に感染していると、胎児に悪影響を及ぼす（胎内感染してしまう）感染症があります。例えば、**風疹**や**梅毒**が代表的です。

風疹はワクチンがありますが、生ワクチンのため妊娠してからは接種できませんし、梅毒にはワクチンがありませんので、「**妊活前に感染していないか、抗体を持っているかを確認する**」ことが大切です。風疹の

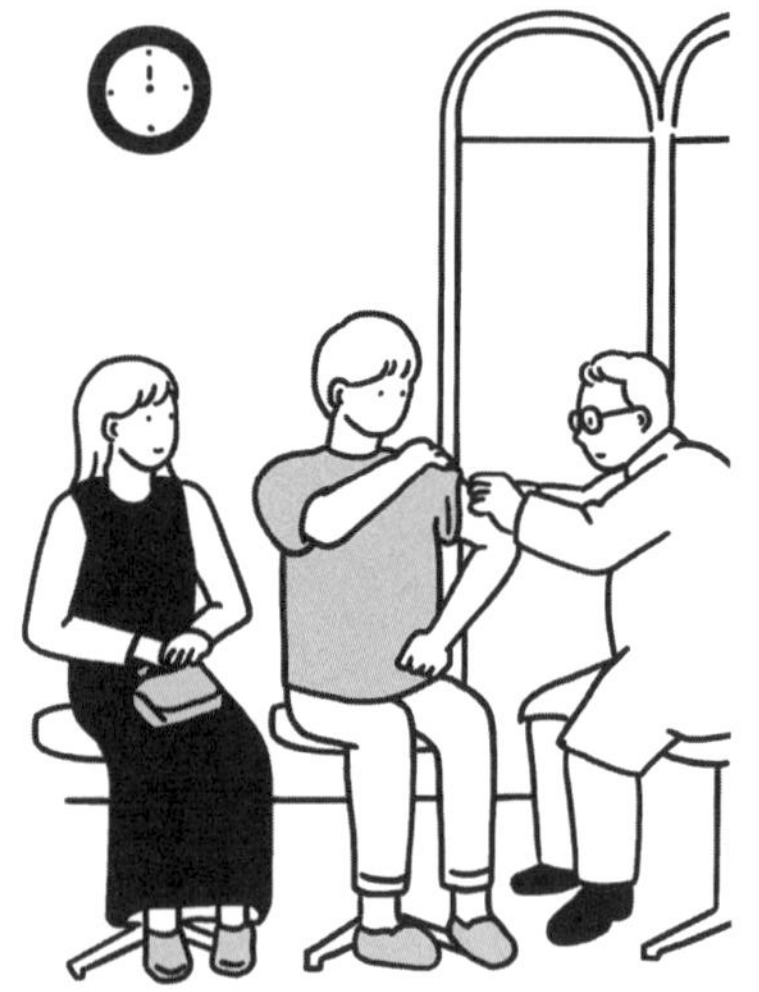

抗体が少なければ、妊娠前に接種しておきましょう（p27参照）。

なお、風疹については男性パートナーや周りの家族が予防接種を受けておくことも重要です。**特に30～60代の男性は、風疹の抗体を持っていないことが多い**ため注意が必要です。

● がん検診（子宮頸がん、乳がんなど）

がんと聞くと高齢者の病気というイメージを持つかもしれませんが、女性の場合、若くても**子宮頸がん**と**乳がん**には要注意です。

子宮頸がんは子宮の入り口付近（子宮頸部）にできるがんで、**20代後半から30代にかけて見つかることが多く**、若い世代に発生しやすいがんです。主な原因は性交渉によってヒトパピローマウイルス（HPV）が子宮頸部に感染することで、過去に一度でも性交渉を経験したことがある女性なら誰でも発症する可能性があります。妊娠すると、必ず妊娠初期の検査で子宮頸がんのチェックを受けますが、**妊娠後にがんが見つかった場合には、妊娠を諦めなければならない可能性もあるため**、妊娠前にも定期検査を受けておくことが大切です。

乳がんは40代以降の定期検査が推奨されていますので、この年代で妊娠を考えている人は検査を受けるようにしておきましょう。

● 現在の持病や使用中の薬について

最近では20～30代の女性で**子宮筋腫**や**卵巣嚢腫**が見つかり、定期検査で通院している人が少なくありません。また、40代以降になると**糖尿病**や**高血圧**、**関節リウマチ**を持つ人も増えてきます。常用薬として、**気管支喘息など持病**に対する薬を飲んでいる場合もあるでしょう。こうした人が妊娠すると、持病自体が妊娠経過に影響を与えることもあれば、常用薬を継続するかどうか検討しなければならないこともあります。

妊娠を考え始めたら、早めにかかりつけ医に相談し、現在の持病の状況で妊活や不妊治療を始めてよいか、薬を継続してよいかを必ず確認しましょう。また、妊娠後にはきちんとかかりつけ医に報告し、妊娠中の治療について相談しておくとよいでしょう。

妊娠前

「ほしい子どもの数」で妊活時期が変わる

皆さんは、これまでに「将来はいつくらいに結婚して、子どもは○人ほしいな」と考えたことはあったでしょうか。

このような想像をしたことがある人は少なくないでしょう。自分自身の素直な気持ちや価値観に照らし合わせて、こうした想像を膨らませることはライフプランニングの大切な一歩です。

結婚や妊娠・出産を希望する・しないも含めて、各々が自由に考え、自身の意思でそれを決定できることが望ましいと思います。

しかし、「妊娠し無事に出産する」ことは、さまざまな要素に影響を受けます。その要素として**代表的かつもっとも大きな影響力を持つのが「女性の年齢」**でしょう。また、子どもを2人以上ほしいと思うのであれば、早めに第一子を出産することがどうしても必要になってきます。

妊活を始める年齢の目安

以上の観点から、「将来ほしい子どもの数（目標）」「どのくらい強く目標を達成したいか」という2つの条件を組み合わせることで「**妊活を始めるべき年齢**」を分析したヨーロッパの研究があります[3]。

これによれば、自然妊娠を前提とした場合、妊活を始めるべき年齢の目安は**図2**のようになります。

将来どうしても3人子どもがほしいのであれば23歳から妊活をしたほうがよい、という結果を見ていかがでしょうか。

きっと、このような情報をきちんと把握している20

代前半の人や、今これを読んでくださっている皆さんの中で知っていたという人は、非常に少ないのではないでしょうか。

なお、この表はあくまでもヨーロッパの女性を対象にされた研究に基づいており、日本人でまったく同じように参照してよいかどうかは悩ましいところですが、ひとつの参考情報にはなるでしょう。

また、**体外受精など不妊治療を受けることを前提とした場合には年齢の目安も変わってきます**。

筆者は、10～20代の若者に性教育の一環としてぜひ伝えてあげたい情報だと思っています。

Q 男性の年齢は妊娠に影響しませんか？

A 成人男性は、生涯を通じて精巣で精子がつくられます。ただし、**加齢とともに少しずつその機能は低下し、男性ホルモンの分泌量も徐々に低下**します。女性のように「閉経」という現象が男性にはないためイメージしにくいですが、「何歳になっても妊娠に影響なし」という思い込みは誤りです。なお、**男性の加齢によって自然流産の確率が上昇する**という研究報告もあるのです。

図2 妊活を始めるべき年齢の目安

	達成率90%(どうしても!)	達成率75%(できれば!)	達成率50%(できたらいいな)
1人ほしい	32歳	37歳	41歳
2人ほしい	27歳	34歳	38歳
3人ほしい	23歳	31歳	35歳

「Habbema JD, Eijkemans MJ, Leridon H, te Velde ER. Realizing a desired family size: when should couples start? Hum Reprod. 2015 Sep;30(9):2215-21」を参考に著者作成

妊娠前

「不妊」という状態と不妊治療の概要

不妊に悩むカップルは**約10組に1組、もしくはそれ以上**と言われており、少子化が進む日本では社会的にも大きな課題と捉えられています。また、**2022年4月から不妊治療が保険適用となった**ことから、注目が集まっている分野でもあります。

●「不妊」の定義

一般的に「不妊」とは「**妊娠を望む健康な男女が避妊をせず1年以上性交をしているのに妊娠しない**」ことを指します。もちろん、「避妊をしない性交」を週3回しているカップルと月に1回しかしていないカップルでは当然妊娠確率は異なってくるのですが、そこまで細かく分けられておらず、ざっくり「1年間妊娠しない状況」だと考えていただければOKです。

不妊治療においては、**治療開始前に不妊の原因**（**p20参照**）**を明らかにすることが重要**で、これは不妊の原因によって治療方針が異なってくるためです。

不妊症の種類には、**女性不妊、男性不妊、どちら側にも問題がある場合**があり、中には原因がはっきりとわからない場合もあります。

●不妊検査の種類

【女性】

・**内診、経腟超音波検査**：子宮内膜症やクラミジア感染症などの疾患有無を調べます。

・**子宮卵管造影検査**：卵管の通り具合、子宮の形の異常を調べます。

・**血液検査（主にホルモン値）**：女性ホルモンの分泌や

図3 不妊治療の種類

タイミング法	もっとも妊娠しやすいと言われている時期(排卵の2日前頃)に性交を繰り返す方法。
人工授精	男性が自力で採取した精液から良好な精子を選び、もっとも妊娠しやすい時期に子宮内へ注入する方法。
生殖補助医療 (体外受精＆顕微授精)	膣の壁から細い針を刺して卵巣から成熟した卵子を取り出し、体外で精子と受精させて受精卵をつくり、子宮内へ注入(胚移植)する方法。
手術	不妊の原因となる病気や異常を治すための手術。女性の子宮内膜症に対する腹腔鏡下子宮内膜症病巣除去術や、男性の精管閉塞に対する精路再建手術など。

これに関係する甲状腺機能などを調べます。

・**性交後試験**：排卵直前に性交渉を行い、翌日に子宮頸管粘液を採取してその中に運動精子がいるかを調べます。抗精子抗体の有無を評価します。

【男性】

・**精液検査**：精液を顕微鏡などで検査し、精子の数や運動率などを調べます。

● 不妊治療の種類

不妊治療の種類は、概ね**図3**のように分けられます。先述の通り、日本では2022年4月から保険適用が開始されました。不妊治療のうち、**タイミング法、人工授精、体外受精、顕微授精、胚移植が対象**となります。なお、保険適用になる条件は治療内容によって異なります。また、それに伴う血液検査やエコー検査も基本的には保険適用になりますが、月に何回、という制限がある項目もあります。これらの条件等は一定期間で変更される場合がありますので、**各医療機関のウェブサイト等で必ず最新の情報を確認しましょう**。

妊娠前

男女それぞれの不妊の原因

妊娠するためには、**卵子と精子が出会って受精し、子宮内膜に着床する**ことが必要です。そのプロセスの中でどれかひとつにでも問題があると妊娠できなくなってしまいます。このため、不妊症の原因は多くの要素が絡み合っていたり、検査しても明らかな不妊の原因が見つからなかったりする場合もあります。

しかし、**男女それぞれの不妊の原因を知っておくことは重要ですし、普段の生活等で予防できるものも一部あります**。

ここでは、女性・男性それぞれの不妊の原因をご紹介します。なお、不妊で悩むカップルの**約50％に男性側の原因がある**ため、男性がきちんと検査を受けることは非常に大切です。

● 女性側の原因[4]

【排卵障害】

月経不順や無排卵、多嚢胞性卵巣症候群（PCOS／p23参照）、日々のストレスなどが原因となって排卵が正常にできていないものです。

【子宮・卵管の問題】

子宮筋腫や子宮内膜ポリープがあると、子宮内膜に受精卵が着床できない場合があります。

また、子宮内膜症やクラミジア感染症によって卵管が狭くなる・詰まってしまうことで不妊となる場合があります。ほかに、子宮頸管の炎症や過去の手術の影響で精子が子宮内へ侵入できないケースも。

【特殊な免疫反応】

免疫反応の異常で抗精子抗体（精子を障害する抗体）**が女性の体内でできてしまうと、それによって精子が子宮内に侵入できなくなる場合があります。**卵管内にも抗体が分泌されると、人工授精で精子を子宮腔の奥まで注入しても卵管を通過できない可能性があります。

【加齢】

卵子の質や量が年齢とともに低下し、妊娠しにくくなります。**不妊の頻度は25〜29歳で約9％、30〜34歳で約15％、35〜39歳で約22％、40〜44歳で約29％**と報告されています[5]。

【原因不明】

検査をしても原因が不明なもの。このようなケースは**これまで不妊症の10〜15％を占める**と考えられていましたが、最近は高年齢の不妊女性が増えていることもあり、**15％よりも高くなっている可能性があります。**

● 男性側の原因[4]

【精子や精液の問題】

精子の量、運動能力、形状が正常でない場合には受精が困難になります。多くは明確な原因が不明ですが、精巣の上にある血管に異常をきたす精索静脈瘤が見つかることもあり、これは手術によって改善が期待できます。ほかに一部の感染症（おたふく風邪など）や睾丸の高温環境も悪影響を与えます。

【精子の通り道の問題】

精液中に精子が出てこられない場合にも不妊となります。閉塞した通り道を手術で元に戻したり、精巣内の精子を採取して顕微授精することなどが対処法になります。

【性機能障害】

主に勃起障害と射精障害が含まれます。それぞれの原因はさまざまで、心理的なものから糖尿病などの病気、薬剤の影響などがあります。

● 男女共通の原因

生活習慣に関連するものとして、**喫煙、アルコール、ストレス、不規則な生活、過度の運動や太りすぎ・痩せすぎ**が不妊の原因となることがあります。

妊娠前

卵子凍結、AMH ～よくある誤解に要注意～

ここでは、最近よく耳にする「**卵子凍結**」と「**AMH**」について、正しい情報とよくある誤解を紹介します。正しい認識を持ち、自分にとってどのようなメリットとデメリットがあるのかを判断することが大切です。

● 卵子凍結

女性の選択肢として注目されつつある卵子凍結。一般的な不妊治療（体外受精）では、卵子と精子を受精させた受精卵を凍結して使用しますが、なんらかの理由で受精させられない場合に卵子だけを凍結することができます。

卵子凍結の対象となるのは「**医学的な理由**」と「**個人的な理由・都合**」（社会的適応）がある場合です。

医学的には、主にがん患者さんが対象で、**がんの治療開始前に卵子を採取して凍結保存する**ことで治療後の妊娠可能性を保つことを目的としています（月経が始まる前の年齢の女児では卵巣組織を凍結保存します）。

一方、個人的な理由でしばらくの間妊娠・出産が難しいと考えている女性も、加齢による卵巣機能の低下に備えて若いときの卵子を残しておくことを目的として、卵子凍結を行うことができます。メリットは、もちろん**若いときの卵子を保存しておくことで将来妊娠・出産できる可能性を持てる**点です。

一方でデメリットやリスクもあります。例えば、**身体への負担**（排卵誘発剤の使用、採卵のための穿刺など）、**金銭的負担**（自費診療のため全額自費となり、多くの場合に数十万円以上かかる）、**高齢妊娠のリスク**などです。

そして重要なのは「**卵子凍結をしても子どもを確実に持てる保証がない**」ことです。海外の研究では、凍結卵子を使って赤ちゃんを産むことができたのは全体の約26%だけだったことが報告されています。

● AMH（抗ミュラー管ホルモン）

AMH検査は不妊治療の中で実施される血液検査の一種で、**卵巣予備能という卵子の「量」を推定する**のに使われます。AMHは、成長途中の卵胞内の細胞から分泌されるホルモンです。

AMHの値が低いと、受精卵の獲得や貯蓄に時間がかかりやすいため、早い段階で体外受精を考えるほうがよいと考えられます。つまり、**AMHの値は一般不妊治療（タイミング療法や人工授精）から体外受精へステップアップを考える時期を検討する上で参考材料**となります（図5）。ただし、「**AMHの値が低い＝妊娠率が低い」ではない**ので要注意です。AMHは卵巣年齢と表現されることがありますが、これはあまりよい名称ではありません。

図4 凍結卵子を使った妊娠までの流れ

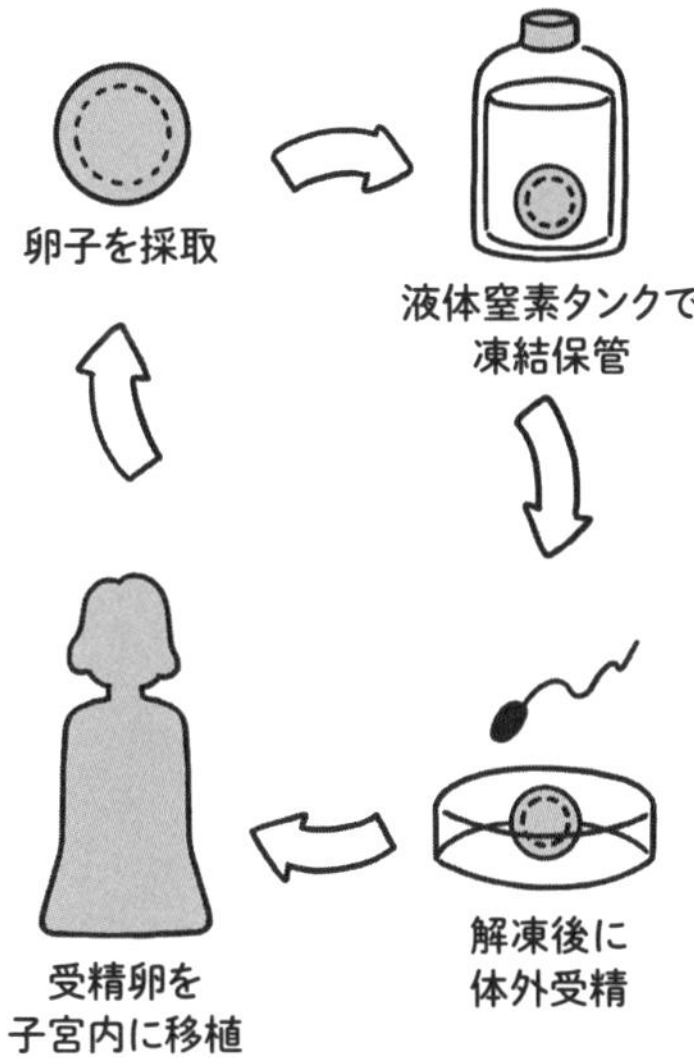

図5 AMHを参考にしたステップアップの一例

年齢	AMH (ng/mL)	解釈
35歳以下	2.5以上	タイミング法や人工授精を数回ずつ試し、難しければ体外受精を検討
38～39歳	1.5～2.0	人工授精から開始し、2～3回で妊娠しなければ体外受精を検討
43歳以上	1.0未満	初めから体外受精を実施（ただし成功率はかなり低いと予想される）

＊あくまでも一例であり、実際には個別の検討が必要です

〈MEMO〉多嚢胞性卵巣症候群（PCOS）
AMHは高ければよいというものでもありません。一般的に、AMHが4.0～5.0ng/mL以上ある場合は、多嚢胞性卵巣症候群（PCOS）という疾患の疑いがあります。若い女性の約6～8%が持っている疾患で、月経不順や排卵障害により妊娠しにくい状態を引き起こしてしまうことがあります。

妊娠前

高齢出産の本当のところ

ニュースなどでも「高齢妊娠」「高齢出産」という言葉を耳にすることが増えてきました。

もともと医学的には、「**35歳以上の初めての妊娠・出産**」を「年齢が高い状況での妊娠・出産」と捉えてきました。

これは、35歳未満の女性とそれ以上の年齢の女性を比べると、後者のほうで**流産率が上昇（35歳を超えると流産率が約25％、40歳を超えると50％近くに上がる）**し、[6]**妊娠中の合併症やトラブル**（妊娠高血圧症候群、妊娠糖尿病、**切迫早産、前置胎盤、常位胎盤早期剥離など）が増える**ということがさまざまな研究によって明らかとされてきたためです。

婦人科疾患（子宮筋腫、卵巣嚢腫、子宮腺筋症など）を持つ人が妊娠するケースも増えるでしょう。

また、**生まれる赤ちゃんの染色体異常**（ダウン症など染色体に原因のある生まれつきの病気）**の発生率は妊婦の年齢が上がるほど上昇**し、20代女性に比べて40代女性では10倍ほどになります。

母親の年齢ごとのダウン症の発生割合は次の通りです。[7]

母親の年齢ごとの
ダウン症の発生割合

20歳……1/1667

25歳……1/1250

30歳……1/952

33歳……1/625

35歳……1/385

38歳……1/175

40歳……1/106

43歳……1/50

45歳……1/30

ところが、最近では先進国全体で、妊娠・出産の年齢が徐々に上昇しています。これには色々な理由・背景があり、女性がより仕事やキャリアを自由に選べるようになったこと、妊娠・出産・育児に必要なお金を若いうちは十分に持てないことなどが挙げられるでしょう。

日本では、**第一子の出産時年齢は平均で約31歳**となっており、第二子以降の出産時は35歳を迎えている女性もかなりの割合だと考えられます。

このような状況から、現代の日本において

- **「高齢妊娠・出産」は35歳以上という区切りのままでよいのか**
- **第二子以降についての定義はなくてよいのか**

などの疑問が湧いてきますが、まだ明確な答えは出ていません。

妊娠・出産のタイミングというのは、自分自身の希望や意思がとても大事ですが、それだけで叶うものでもありません。しかし、右記のような**リスクが伴うということは知識として持っておく必要がある**でしょう。

こういったことも、子どもたちにきちんと性教育の一環として伝えていくべきだと思っています。

図6 35歳以上の妊娠・出産におけるリスクの増加

（35歳未満の女性と比べて）

●流産率が上昇
・35歳を超えると流産率が約25％に上がる
・40歳を超えると50％近くに上がる

●妊娠中の合併症やトラブルが増える
（妊娠高血圧症候群、妊娠糖尿病、切迫早産、前置胎盤、常位胎盤早期剥離など）

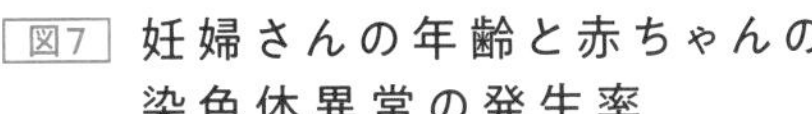
図7 妊婦さんの年齢と赤ちゃんの染色体異常の発生率

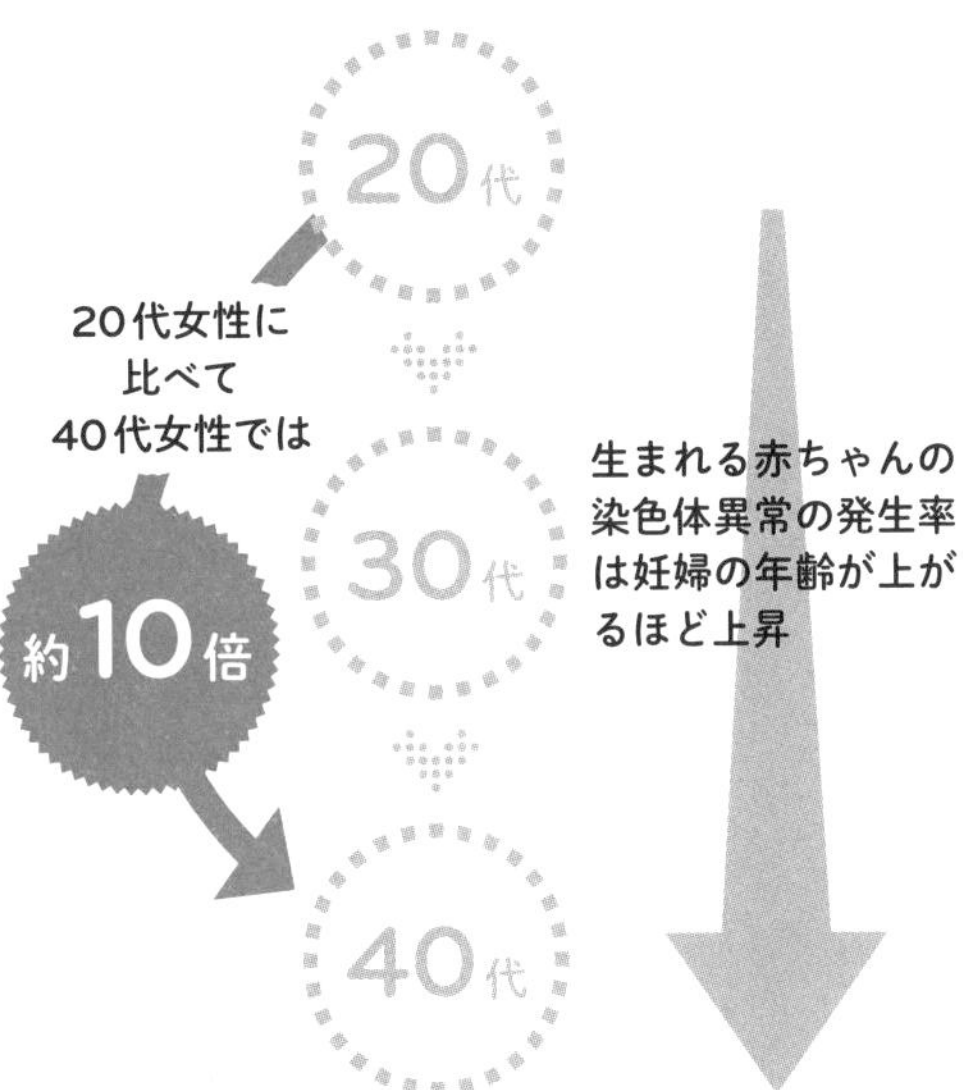

妊娠前

知っておきたい感染症・受けておきたい予防接種

妊娠が判明すると、「感染症には注意しましょう」と言われます。でも、そもそも「**妊娠する前に打っておいたほうがよいワクチン（予防接種）**」があることや、「**妊娠する前に検査しておくと安心な感染症**」については、妊活前に知っておいたほうがよいでしょう。

さらには、

- **妊娠中に危険な感染症は？**
- **ワクチンで防げる感染症は？**
- **妊娠中に接種したほうがいいワクチンは？　副作用は？**

など、気になることは多いかと思います。

ワクチンには、その製造方法によって大きく3つの種類（**生ワクチン**、**不活化ワクチン**、**mRNAワクチン**）があります。

生ワクチンは予防対象の病原微生物（ウイルスなど）を弱毒化して使用するため妊娠中に接種できませんが、不活化ワクチンとmRNAワクチン（新型コロナウイルスに対するもの）は接種できます。

妊娠中に接種できない代表的な生ワクチンは、BCG（結核）、**麻疹風疹（混合も含む）**、**流行性耳下腺炎（おたふく風邪）**、**水痘（水ぼうそう）**、黄熱、ロタウイルスです。

接種できる代表的な不活化ワクチンは、インフルエンザワクチン、B型肝炎ワクチン、肺炎球菌ワクチンなどです。

生ワクチンは妊娠前にしか接種できないため、計画的に妊活をするのであれば、事前に次の感染症について免疫（抗体）を持っているか医療機関で検査することを検討しましょう。

図8　妊娠中に接種できないワクチン・接種できるワクチン

	ワクチンの種類	代表例
妊娠中に接種できない	生ワクチン 病原性を弱めた病原体	●BCG（結核） ●麻疹風疹（混合も含む） ●流行性耳下腺炎（おたふく風邪） ●水痘（水ぼうそう） ●黄熱 ●ロタウイルス
妊娠中も接種できる	不活化ワクチン 感染力をなくした病原体	●インフルエンザワクチン ●B型肝炎ワクチン ●肺炎球菌ワクチン
妊娠中も接種できる	mRNA（メッセンジャーRNA）ワクチン ウイルスを構成するタンパク質の遺伝情報	●新型コロナウイルス

参考：「新型コロナワクチンについて」（厚生労働省）

●結核

長期間に及ぶ空咳が特徴の疾患で、空気感染でうつります。

●麻疹／風疹

麻疹は妊娠中にかかると**流産や早産を起こす可能性**があります。風疹は妊娠初期（20週以前）にかかると、胎児感染を起こし、**赤ちゃんが難聴・白内障・先天性心疾患を特徴とする先天性風疹症候群を持って産まれてくる可能性**が高まります。

麻疹・風疹ともに、妊娠前に感染の既往や抗体の有無を確認し、**免疫がなければワクチンを接種しておきましょう**。同居家族の感染予防も重要です。

●流行性耳下腺炎（おたふく風邪）

原因となるムンプスウイルスは唾液を介して飛沫感染します。潜伏期間は2〜3週間と長く、ウイルスは症状が現れる前から唾液中に排出されます。

●水痘（水ぼうそう）

過去に水痘にかかったことのある方は、水痘に対する免疫を獲得しており、再感染は通常起こらないと考えられています。

Column 1

オンライン相談で見えてきた水面下の女性の悩みや不安

近年、スマホやインターネットの普及とコロナパンデミックを背景として、**遠隔医療**が世界的に普及してきています。日本でも徐々にではありますが活用事例が増加しており、時代の流れを踏まえると今後も増えていくことは間違いないでしょう。

筆者は2018年より産婦人科領域におけるオンライン相談（遠隔健康医療相談）サービス[*1]の運営・提供に携わっており、妊産婦さんからの相談、婦人科関連の相談などを合計数万件受けてきました。その中で、**オンライン相談だからこそ見えてきた水面下の女性の悩みや不安**があることを実感しています。ここでは、いくつかの事例を紹介します。

1 10代など若年女性からの相談

若年女性にとって産婦人科受診は心身のハードルが高く、なかなか必要時に受診してもらいにくいというジレンマがあります。しかし、オンライン相談であれば、自宅等から好きなタイミングで相談でき、**いきなり診察されるのではという恐怖感や保護者に知られたくないという不安を抱えずに済みます**。パートナーとの避妊や月経痛への対処法などをしっかり説明し、適切なセルフケアや受診につなげることが大切だと考えています。

2 過去の産婦人科受診における嫌な経験・トラウマ

過去の受診時に医師や医療スタッフから心ない言葉を投げかけられたり、診察の中でとても嫌な経験をされたりしたことをオンライン相談の際に打ち明けてくれる女性もいます。**こうした患者さんの多くは受診をやめるため、医師や医療機関は「そのこと自体に気づきにくい」構造があります**。トラウマなどを抱える女性に必要な情報やアドバイスを提供し、信頼関係を構築し、適切な受診につなげていくことはオンライン相談の大事な役目だと考えています。

3 ピルのオンライン処方に伴うトラブル

近年では低用量ピルをオンライン処方するサービスが増えています。産婦人科に受診する時間が取れない、近くにピル処方に肯定的な産婦人科クリニックがない、などの状況を抱えた女性にとって、オンライン処方は心強い味方です。ただ、**オンライン処方に伴うトラブル**を耳にすることも増えてきました。例えば、「初回からずっとオンライン処方だったのでかかりつけ産婦人科がなく、不正出血で困っているがどこに相談していいかわからない」「オンライン処方だけ受けてきたので婦人科検診を受けたことがない」「保険診療で処方してもらえるピルをずっと自費の高い価格で購入していたことを後で知った」などのケースです。**オンライン処方は、オンライン相談や産婦人科受診と適切に組み合わせて活用する**ことが大切だと実感しています。

筆者の関わるサービスは自治体や企業に導入いただき、個人（地域住民や社員）は無料で利用可能な形をとっています（2023年6月時点）。こうした取り組みが全国に広がるよう、引き続き精進してまいります。

*1 産婦人科オンライン（株式会社Kids Public）

第1章

妊娠初期

産婦人科受診から出生前診断まで

妊娠初期

妊娠初期の妊婦さんと赤ちゃんの変化

つわりや出血が起こりやすい時期。つらいときは無理せず仕事や生活を調整しましょう。

1ヶ月（0〜3週）

Point

まだほとんど自覚のない時期なので、妊活中や妊娠の可能性があるときは服薬や飲酒に気をつけましょう

卵子と精子が受精してできた受精卵が、子宮内膜に着床して1週間経つくらいまでの時期です。

妊婦さんの からだの変化

・子宮の大きさは普段と変わらず、6〜7cmほど。

・人によっては胃のムカつきを感じることも。

受精卵が子宮内膜に着床する際に微量の出血をすることがあります。これを月経だと勘違いして妊娠に気づかない人も。いつもの周期より早めに出血があった場合には妊娠検査薬での確認も検討しましょう。

赤ちゃんの様子

・子宮内に赤ちゃんとそれを包む袋（胎嚢）ができます。

・超音波検査でも、体のつくりはまだわからない時期です。

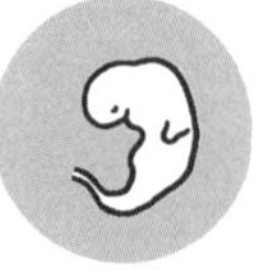

＊拡大イメージです

赤ちゃんを包む袋（胎嚢）ができる

大きさ 〜1mm

体重 〜1g

2ヶ月（4〜7週）

Point

一般的に、妊娠に気づく時期です。つわりなどの体調変化に合わせて仕事や生活を調整しましょう

予定の月経が来なくて妊娠に気づく時期です。赤ちゃんの体では臓器がつくられています。

妊婦さんの からだの変化

・お腹はまだ膨らみませんが、つわりなど体調の変化がみられます。

・出血しやすい時期でもあるので、無理な運動や身体の酷使は控えましょう。

赤ちゃんの臓器ができる頃なので、飲酒や薬の影響をもっとも受けやすい時期。風邪や花粉症でも市販薬を勝手に使ったりはせず、できれば産婦人科で超音波検査を受けた上で薬についても相談しましょう。

赤ちゃんの様子

・胎嚢が超音波検査でしっかり確認できます。

・まだ手足まで細かく見えませんが、妊娠6〜7週では心拍を確認できるようになります。

1円玉の半分くらいの大きさ

大きさ 8〜16mm

体重 1〜4g

3ヶ月（8～11週）

Point

つわり中でも赤ちゃんはしっかりと育つので、無理せず食べられるものだけ食べましょう。水分だけはなるべく摂るように

お母さんと赤ちゃんをつなぐ胎盤ができる時期。つわりの症状がピークになってつらい時期です。

妊婦さんの からだの変化

- 人によってはお腹が少し膨らんできます。
- つわりの症状がピークになりやすく、出血もみられやすい時期です。

仕事をしている妊婦さんでつわりや出血などの症状があったら、無理は禁物。主治医などに相談し、職場に出して仕事の調整をしてもらうための「母性健康管理指導事項連絡カード」（母健連絡カード）を活用しましょう。

赤ちゃんの様子

- 心拍がはっきり認められます。
- 顔や胴体などが少しずつ見分けられるようになり、「小さなヒト」のように見えてきます。

すもも
くらいの大きさ

大きさ 4～6cm
体重 10～20g

4ヶ月（12～15週）

Point

体調が落ち着いてきたら、妊娠中のからだづくりのために運動習慣を少しずつ身につけていきましょう

胎盤が完成してくる時期。「安定期」が近づいて体調も徐々に落ち着いてくることが多いです。

妊婦さんの からだの変化

- 子宮は幼児の頭部くらいの大きさになり、お腹の膨らみがわかりやすくなります。
- つわりが落ち着いてくる人が多いです。

つわりや初期の出血が起こりにくくなり、運動を始めるチャンス。体調や体力に合わせつつ、軽い有酸素運動やトレーニングにトライしてみましょう。妊娠中の合併症予防や帝王切開になるリスクを減らすことにつながります。

赤ちゃんの様子

- 各臓器の形成がほぼ終わり、以降は手足の骨や筋肉などを発達させていきます。
- 口の開閉や手足の動きが超音波検査で見られるように。

オレンジくらい
の大きさ

大きさ 6～14cm
体重 20～100g

妊娠初期

はじめての産婦人科受診が不安な方へ

女性の中には、妊娠したかもしれないと思った際に、人生で初めて産婦人科を受診するという方もいるでしょう。特に**日本では「産婦人科＝妊娠したら行くところ」というイメージを持つ方が少なくない**ように感じます。これは、幼少期からの性教育の影響が大きいのだろうと考えていますが、私たち産婦人科医の努力不足（特に情報発信について）も要因でしょう。

ここでは、妊娠に伴って初めて産婦人科を受診される方に向けて、実際の診察の内容や流れをお伝えします。

1 問診

まず、問診票へ記入いただいた情報の確認とより詳細な状況把握のため、医師または看護師が問診を行います。問診では、**現在の体調、持病の有無、日頃から使用している薬、過去の病歴・手術歴**に加え、今回の**受診理由（妊娠を疑っているなら、最近の月経状況や検査薬の結果など）**、心配なことなどを確認します。産婦人科の受診が初めての場合は、ここで不安なことをあらかじめ伝えておくとよいでしょう。

2 内診台での診察・検査

内診とは、**医師が腟内に指を入れて子宮・卵巣・腟の状態を観察する診察**です。内診をするためには診察しやすい姿勢をとっていただく必要があるため、内診台に乗ってもらいます。内診台では内診のほかに、**腟鏡診**（ちつきょうしん）*、**経腟超音波検査（エコー）**などを行います。内診時は、次に何の診察や検査をするのか逐一教えてくれる医師が多いですが、不安なときは遠慮なく伝えましょう。また、緊張して体に力を入れると診察で痛みを感じやすくなってしまうため、**できるだけ下半身の力を抜いてゆっくり深呼吸を続けておく**ことを覚えておいてくださいね。

3 妊娠していることの確定診断

妊娠しているかどうかを確認するには、**妊娠検査薬**がもっとも便利です。市販のものでも、検査薬で陽性となればほぼ100％妊娠は確定となります。しかし、**「正常妊娠」かどうかは診察をしてみなければわかりません**。内診やエコーで、正常妊娠していることを確認します。

なお、異常妊娠の例は次の通りです。腹痛や出血がある場合は特に要注意です。

・**自然流産**

▼流産しているが、まだ子宮内に妊娠成分が残っているため妊娠検査薬は陽性となる。

・**異所性妊娠**

▼子宮内ではない場所に受精卵が着床してしまっている状態。場合によっては手術が必要となる。

＊膣鏡診（ちつきょうしん）
膣に専用の診察器具（「膣鏡」や「クスコ」と呼ばれます）をゆっくり挿入して、膣の内側や子宮頸部を観察する診察です。おりものの性状や出血有無の確認もします。

妊娠初期

妊婦健診のエコー検査では何がわかる？

妊娠したら、定期的に妊婦健診（妊婦健康診査）を受診します。**妊婦健診は妊娠中の女性自身と胎児の健康状態を確認するための重要な診察**で、出産までに合計14回ほどあります。妊娠初期から定期的に受けることで自身の身体的変化や胎児の発育状況を把握し、必要に応じたケアやアドバイスを受けられます。問診、血圧測定、尿検査、体重測定、エコー（超音波）検査などは原則毎回実施され、血液検査、胎児心拍計測などはタイミングが決まっています。

〈妊婦健診のスケジュール例〉

●妊娠初期〜23週……4週間に1回（4回程度）
▼
●妊娠24週〜35週……2週間に1回（6回程度）
▼
●妊娠36週〜出産まで…1週間に1回（4回程度）

ここでは、**お腹の中の赤ちゃんや羊水、子宮の状態を確認するためのエコー検査**について解説します。

エコー検査は妊婦さんに最適な検査（図9）であり、レントゲン検査やCT検査と違って**複数回受けても赤ちゃんへの悪影響はありません**。安心して検査を受けてくださいね。

図9　エコー検査の特徴

- 放射線を使わないので赤ちゃんへの悪影響がない
- 診察室で検査ができる（専用検査室への移動が不要）
- 痛みがない（経腟エコーでは少し違和感あり）
- すぐに写真を印刷して持ち帰ることができる（もらえるか担当医に確認を）

図10 エコー検査で確認していること

妊娠時期	経腟エコー	経腹エコー
妊娠初期（〜15週）	・赤ちゃんの心拍 ・赤ちゃんの大きさや体の状態 ・子宮筋腫や卵巣嚢腫などの病気の有無	・赤ちゃんの心拍 （この時期はあまり実施しない）
妊娠中〜後期（16〜36週）	・子宮頸管の長さや状態 ・胎盤の付着部位	・赤ちゃんの心拍 ・赤ちゃんの大きさや推定体重、体の状態、向き ・羊水量 ・胎盤の位置
妊娠満期（37週〜）	ー	・赤ちゃんの心拍 ・赤ちゃんの大きさや推定体重、体の状態、向き ・羊水量 ・胎盤の位置・へその緒の位置

エコー検査では、何を調べているのでしょうか。妊娠時期で分けると、大まかに**図10**の通りになります。なお、「経腟エコー」は内診台で腟内に、「経腹エコー」は診察室のベッドでお腹にエコーの器具を当てて検査します。

赤ちゃんの体重変化はとても気になるものですが、**エコーでの推定体重には約10％程度の誤差がどうしても出てしまいます。**数値が心配な場合は、どのように考えればよいのか医師に聞いてみましょう。

また、最近では**3Dエコー（立体的に赤ちゃんの姿を確認できるもの）、4Dエコー（3Dエコーを連続で撮影し続けるもの）**を実施する医療機関も増えてきました。これらを赤ちゃんの体の詳細な診察に使う場合も時々ありますが、基本的には「顔や体のイメージがわかるサービス写真」を撮るために使われていることが多いです。このため、**3D／4Dエコーがなくても通常の診察は問題なくできます**ので安心してくださいね。

つわりの真実と乗り切り方

妊娠すると皆さんが不安になるもののひとつが、「つわり」ではないでしょうか。辛いけど無理して食べたほうがいいの？　赤ちゃんの成長に影響は？　など、さまざまな心配が尽きない時期です。

つわりとは、**妊娠によるホルモンバランスの変化によって生じる吐き気、嘔吐、食べ物の好みの変化などの総称**で、**半分以上の妊婦さんが経験する**と言われています。初めて出産する女性に比較的多いのですが、出産経験がある女性に起きた場合には症状が重くなりやすいことも特徴です。

なお、吐き気以外にも色々な症状が出てくることが少なくなく、人によっては**頭痛**や**眠気**、**唾液の増加**などにも悩まされます。「**食べづわり**」と呼ばれ、お腹が空くと気持ち悪くなってしまうタイプのつわりもあります。

つわりが起こるメカニズムは完全に解明されていませんが、主に3つの要素が影響していると考えられています。まず「**ホルモンバランスの変化**」（プロゲステロンやヒト絨毛性ゴナドトロピン［ｈＣＧ］などのホルモンの増加。双子ではつわりが強くなりやすい傾向がある）、次に「**胃腸の動きが悪くなる**」、そして「**精神的なストレス**」です。

つわりは個人差が非常に大きく「全然へっちゃら」という人から「毎日が死にそうなくらい辛い」という人までさまざまです。そして、嘔吐を繰り返すことで脱水や電解質の異常が起きてしまい、ときに命の危険に及ぶことさえあります。

「つわりくらい我慢してよ」「私はたいしたことなかっ

〈MEMO〉妊娠悪阻（にんしんおそ）
つわり症状が重い場合は「妊娠悪阻」と呼ばれます。診断の基準は、毎日嘔吐があり体内の電解質バランスが崩れる、体重が元の数値から5％以上減少する、尿検査でケトン体が陽性を示す、などです。妊婦さんの1～2％程度に起きます。

たけどそんなに辛いの?」などという周囲からの一言は、本人をひどく傷つける可能性があります。このことを、ご家族や職場の方々、友人の皆さんにもぜひご理解いただきたいものです。

つわりの時期は、**食事を無理に1日3食と決めず、少量を複数回に分けて食べる**などの工夫をしてみましょう。また、人によってつわりの時期でも食べられるものが異なります。例えばアイスクリームやフルーツなら食べられるという人も少なくないようで、**無理せず食べられるものだけを口にしてOKです**。

よくある妊婦さんからの質問は次の通りです。これ以外に心配なことがあれば、ぜひかかりつけの医師に聞いてみてくださいね。

Q つわりは安定期になれば必ずなくなりますか?

A 妊娠9週頃までに発症することが一般的で、12週頃から落ち着くことが多く、20週頃までにはほとんどの人が治ります。ただし、中には妊娠後期までずっと気持ち悪さが消えない人もいます。

Q つわり中も栄養をとらないと赤ちゃんに悪影響がありますか?

A 心配いりません。一般的なつわりの期間は、食べられるものと水分を無理のない範囲で摂取することを優先しましょう。ただし、まったく水分がとれない、意識を保てないなどの場合には入院が必要と考えられるので受診しましょう。

Q つわりの症状を抑える薬はないのでしょうか?

A 妊娠中でも使用できる薬はいくつかあります。確実に症状が軽くなるとは限りませんが、辛いときはかかりつけの医師に相談しましょう。

Q つわりが治った後も、味やにおいに敏感なことはありますか?

A あります。つわりの影響もありますし、妊娠中の生理的変化として味覚や嗅覚が普段と違う状態になる人は少なくありません。一般的に出産後は元に戻るので、あまり心配しなくてよいでしょう。

妊娠初期

出産予定日の決まり方

妊娠すると、まず気になることのひとつが**出産予定日**だと思います。出産の日を想定して色々な計画を立てたいと思うでしょうし、それに合わせて仕事をいつ頃から休むのか、実家の家族への協力をいつ依頼するのかなど、考えることがたくさん出てくると思います。

では、この出産予定日はどのようにして決定されるのでしょうか。その方法は大まかに2通りあります。

ひとつ目は、**最終月経から計算する方法**です。月経周期を28日として、そこから280日後、つまり十月十日（とつきとおか）を予定日（＝妊娠40週0日）とします。これは、過去のデータを見るとおおよそこの頃に出産となる女性が多かったことから、出産しそうな日をできるだけ簡便に予想するためにつくられた計算方法です。しかし、月経周期は人によって幅がありますし、実際には「ほとんどの人がちょうど予定日に生まれる」というわけではないのです。日本のあるデータでは、妊娠37週以降での出産のうち、**妊娠37〜38週台の出産が43％、妊娠39〜40週台が49％、妊娠41週以降が8％程度**だったことが報告されています。

2つ目の方法は、**超音波検査での計測**です。おおよそ**妊娠10週あたり**で、胎児の大きさ（頭からお尻の長さ）を超音波で計測し（**図11**）、この大きさから出産予定日を予想します。妊娠初期の胎児の大きさは、妊娠週数ごとにほとんど同じになるということがわかっているため、こうした予測ができるのです。なお、初回妊娠でも2回目以降の妊娠でも、予定日の計算方法に

図11　超音波による胎児の大きさの計測

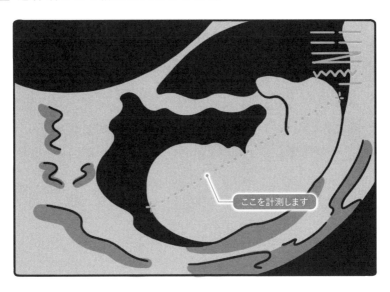

ここを計測します

違いはありません。ただし、大事なのは**「超音波で計算した予定日でも、ちょうどその日に出産する女性はごくごく少数である」**ことです。**出産時期の正常範囲は妊娠37週0日から妊娠41週6日まで**であり、5週間ほど幅があります。このため、出産予定日はあくまでも目安だと考えておきましょう。

Q　初めての出産では、予定日より出産が遅くなる傾向にありますか？

A　初めての出産でも2回目以降の出産でも、「産まれる時期」に影響はありません。ただ「陣痛が来てから出産するまでの時間（＝分娩時間）」には違いがあり、2回目以降では1回目よりだいぶ早まることが多いです。

妊娠初期

妊娠初期に知っておいてほしいこと

「安静」についての考え方

妊娠初期の妊婦さんから「どのぐらい動いていいですか」とよく質問されます。

妊娠初期はまだ安定期に入っておらず、少量の出血や軽いお腹の痛みが一定頻度で起きてしまいます。後述しますが、自然流産の確率は一般的に15％ほどあり、多くの場合は出血や腹痛を伴います。妊娠初期にあまりに激しい運動や重い物を持つような仕事を続けていると、こうした症状を招いてしまうリスクがあり、避けたほうがよいと考えられています。

しかし、**日常生活の範囲内での動きや通勤、散歩等は流産のリスクを高めることはない**とされています。

このため、医師からなんらかの理由で「安静にしてください」という指示がなければ、無理のない範囲で動いたり仕事を続けたりすることは問題ないと考えてOKです。

なお、**デスクワークなど軽労働であっても、長時間労働や夜勤は妊娠に悪影響を及ぼすリスクになる**というデータがありますので、妊娠がわかった時点からなるべく業務内容の調整をできるとよいでしょう。

旅行や温泉、プールについて

最近では「マタ旅」と呼ばれる「妊娠中の旅行」がSNS等で話題になることが増えています。ただ、産婦人科医としては妊娠中の旅行は推奨し難いもので、**さまざまなリスクがあることを知っておいてほしい**のです。

まず、「旅行」と「胎児異常や流・早産」の間に直接的な関連はないだろうと考えられています。しかし、飛行機や新幹線などの長時間移動では、**脱水傾向**や安静による**血流の悪化から血栓症（血管の中で血の塊ができてしまい血管が詰まる病気。エコノミークラス症候群とも呼ばれる）の発症リスク**が妊娠中は特に高まりやすく、注意が必要です。また、階段からの転倒や交通事故などの「偶然のトラブル」が起きたとき、**旅行先ではなかなか受診先が見つからない可能性があります**。海外では高額な医療費（数百万円など）がかかることもありえます。

温泉に浸かることは妊娠中でも問題ありません。ただし、寒暖差やお湯に浸かることによって血圧が急激に変動し、気分が悪くなったり立ちくらみを起こしたりすることがあります。**長湯は避け、入浴前後には十分に水分を補給しましょう**。プールもＮＧではないですが、やはり身体の冷えやプールサイドでの転倒には十分な注意が必要です。

Q　第二子を妊娠中ですが、上の子を抱っこしても大丈夫でしょうか？

A　妊娠初期に、上の子を抱っこしてはいけないことはありません。ただし、お腹にかなり力が入るほど無理をするのは禁物です。座った状態で抱っこする、腰ベルト付きの抱っこひもを使うときは普段締める位置よりも低めにするなど、腰やお腹に負担のかからない工夫をしてみましょう。お腹が張ってきた場合は、まず横になって休んでくださいね。

妊娠初期

出生前診断の種類と、検討する上で大切なこと

近年では、出産前に胎児の異常があるかどうかを検査する**「出生前診断」**が普及しつつあります。

もちろん、お腹の子に何か異常がないかどうか、心配になる気持ちを持つのは親として不思議なことではありませんし、そのために検査を活用することは有益なことです。ただ、産婦人科医として「出生前診断を考える際に必ず考えてほしいこと、大切なこと」をこの場でお伝えしたいと思います。

● 赤ちゃんの先天性疾患

まず前提として覚えておいていただきたいことは、**「大小含めて、生まれた時点でなんらかの疾患を持っている赤ちゃんは3～5％程度いる」**ということです。これを聞いて、多いと感じるか少ないと感じるかは人それぞれかもしれませんが、20～30人に1人と考えれば「滅多にない」というわけではないんだな、という印象かと思います。

人の細胞の中には、それぞれ遺伝情報を持った染色体があります。この染色体に異常（過不足や変異）があると生じる代表的な先天性疾患（生まれつきの疾患）が「ダウン症候群（21トリソミー）」（**図12**）です。**染色体異常は、先天性疾患の原因の4分の1程度を占める**と考えられています。

なお、染色体異常による先天性疾患には、ほかに18トリソミー*、13トリソミー*などがあります。実際には、染色体異常による先天性疾患のうちダウン症候群がもっとも多く、8割程度を占めています。

＊18トリソミー
18番染色体に原因がある先天性疾患です。発生割合は3,500～8,500人に1人程度で、女児に多いのが特徴です。全身に複数の合併症を持つ場合も多くあります。約半数は生後1週間以内に亡くなり、1年以上生存できる赤ちゃんは10％未満です。

図12 ダウン症候群（21トリソミー）の染色体異常

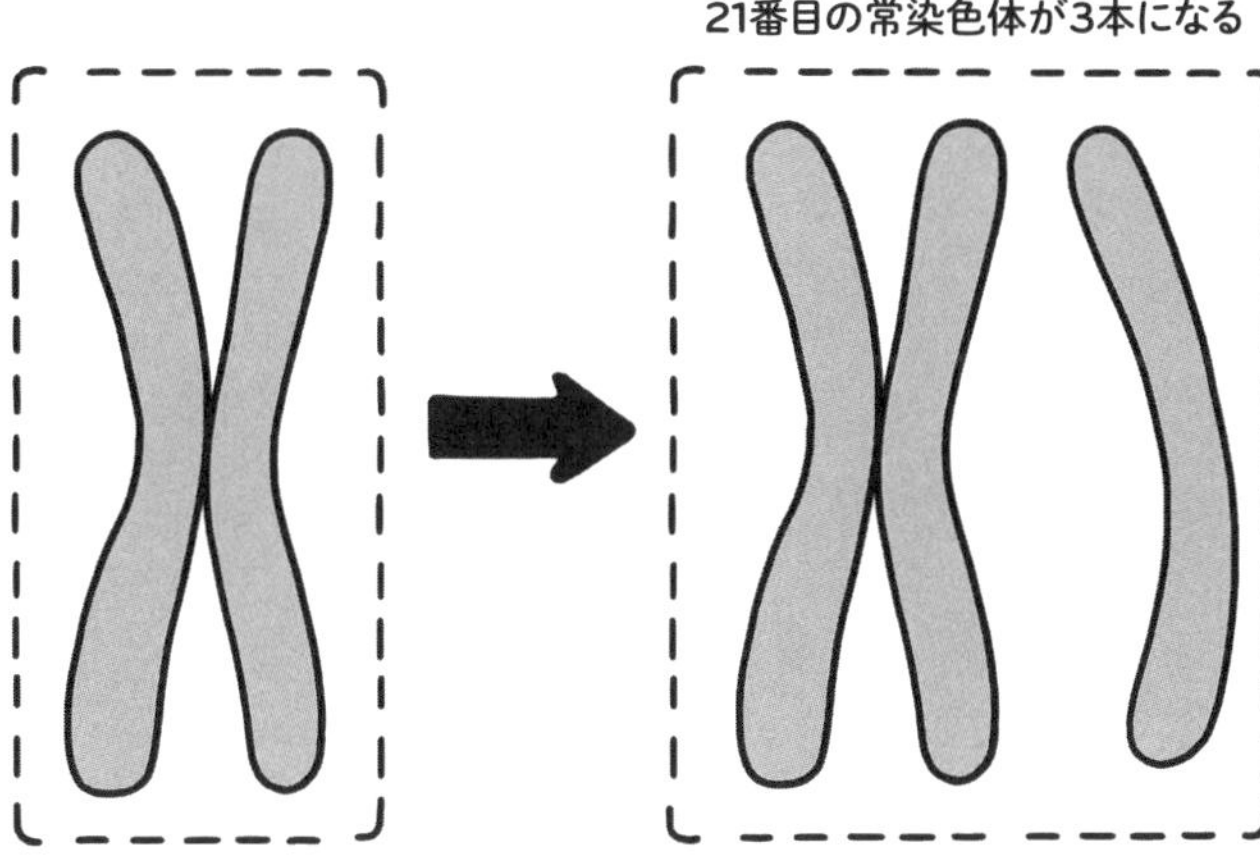

出生前診断について

次に、出生前診断の説明をしていきます。

出生前診断とは、胎児がなんらかの疾患を持っているかどうか、検査をして診断するための方法です。ここで大事なのは、出生前診断の目的が**「異常があるかどうかで中絶するかを決めるため」だけではない**ということです。あらかじめ出生前に生まれつきの異常を把握しておくことで**「生まれた赤ちゃんがその瞬間から、より育ちやすい環境の準備を進めるため」**というのも大切な目的です。

出生前診断には主に3つの検査法があり、超音波検査などの画像を用いる方法と遺伝学的検査がありま す。遺伝学的検査は、子宮や胎児に負担のある検査（侵襲的検査）と負担のない検査（非侵襲的検査）に分けられます。それぞれの検査法でメリットや特徴が異なります（p44 図13）。

なお、重要なこととして**「出生前診断ですべての先天性疾患がわかるわけではない」**ということもぜひ覚えておいてください。出生前診断では染色体の異常に

＊13トリソミー
13番染色体に原因がある先天性疾患です。発生割合は5,000〜12,000人に1人程度で、全身に複数の合併症を持つ場合が多いです。生後1ヶ月以内に約8割が亡くなり、1年以上生存できる赤ちゃんは10%未満です。

ついて評価することができますが、先天性疾患には染色体異常によるものではない疾患も多くあります。例えば先天性心疾患（生まれつきの心臓の病気）は染色体異常がなくても起こる場合があり、これは出生前診断ではわからない、ということになります。

検査法についてもうひとつ大事なことは、「診断を確定させるための検査かどうか」です。大きく「非確定的検査」と「確定的検査」に分けられます（図13）。

【非確定的検査】

妊婦さん自身への負担はほとんどありませんが、**この検査だけでは異常の有無を確定できない**検査です。「先天性疾患の疑いあり」かどうかを評価します。

【確定的検査】

非確定的検査の結果、「異常がある可能性が通常より高い」と判断された場合に、診断を確定させるために行うものです。ただし、この方法は**母児への負担（破水や出血、流産のリスク）が避けられません。**

図13 出生前診断の種類

非確定的検査

画像検査	
代表例	超音波検査（NT*など）
感度	100%はわからない（非確定的検査）
安全性	母児に安全（非侵襲*的）
実施時期	11～13週
費用	10,000～20,000円 保険適応なし（全額自己負担）

遺伝学的検査（侵襲なし）	
代表例	母体血マーカー検査 （クアトロ検査など） 母体血胎児染色体検査 （NIPT）
感度	100%はわからない（非確定的検査）
安全性	母児に安全（非侵襲的）
実施時期	クアトロ検査は15～18週頃 NIPTは10～16週頃
費用	クアトロ検査は 20,000～30,000円 NIPTは200,000円前後 いずれも保険適応なし （全額自己負担）

確定的検査

遺伝学的検査（侵襲あり）	
代表例	絨毛検査、羊水検査
感度	高い確率でわかる（確定的検査）
安全性	流産率が約0.3～1%
実施時期	絨毛検査は11～15週 羊水検査は15週以降
費用	100,000～ 200,000円程度 保険適応なし（全額自己負担）

*NT：Nuchal Translucency（胎児の首の後ろの厚さ）
*侵襲：胎児や子宮へ検査時の負担がかかること

NIPTについて

最後に、**母体血胎児染色体検査**（NIPT）について補足しておきます。この検査は、妊婦さんの血液を採取して検査する方法で、日本では2013年から導入されました。これまでの検査（画像検査やクアトロ検査）とNIPTの決定的な違いは**「血液検査という非常に負担の少ない方法で、胎児の染色体異常の評価を100%にかなり近い精度で行える」**という点です。

一方で、NIPTには注意点もあります。まず、NIPTで検出できるのはダウン症候群（21トリソミー）、18トリソミー症候群、13トリソミー症候群の3つだけです。次に、「NIPTは異常がないことを高精度に評価するもの」ということです。つまり、**「異常の疑いあり」という結果が出た場合には、確定的検査（羊水検査など）を受ける必要があります。**

出生前診断については、早めにかかりつけ医と相談し、ぜひしっかりと話を聞いた上で検討するようにしてくださいね。

妊娠初期

「妊娠糖尿病」は普通の糖尿病とはまったく違う

妊娠糖尿病と聞くと「妊娠中にたまたま糖尿病になるの?」と疑問が湧くかもしれません。ところが、**妊娠糖尿病というのは一般的な糖尿病とはまったくの別物です**。

なんと、**日本で妊娠糖尿病と診断される妊婦さんは全体の12%程度、つまり8人に1人が診断される**ことになります[8]。決して人ごとではありませんね。

妊娠糖尿病は何が問題なのでしょうか。それは、妊娠・出産や胎児へ悪影響を及ぼしてしまうリスクを上げることです。血糖値が高い状態が続いてしまうと、**流産や妊娠高血圧症候群、羊水過多、胎児異常や難産の危険性が高まる**だけでなく、**産まれたお子さんの将来の糖尿病・肥満リスクが上がってしまう**のです[9]。

妊娠糖尿病は血糖検査で診断します。なお、もともと糖尿病を合併していた女性が妊娠した場合には「糖尿病合併妊娠」となり、妊娠糖尿病とは区別されています。

血糖検査には**図14**のようなものがあり、スクリーニング検査と精密検査に区別されます。**スクリーニング検査は、妊婦さん全員に対して、妊娠初期や中期に実施されます**。精密検査で、空腹時血糖が92㎎/dℓ以上、1時間値血糖が180㎎/dℓ以上、2時間値血糖が153㎎/dℓ以上のうち、どれかひとつでも満たすと妊娠糖尿病と診断されます。

妊娠糖尿病になりやすい要因には、次のようなもの

図14 血糖検査の種類

①スクリーニング検査

検査名	説明
随時血糖	主に妊娠初期に実施。 一般的に95または100mg/dL以上で精密検査へ。
50gグルコースチャレンジテスト	主に妊娠中期に実施。 50gの糖分を摂取した後に血糖測定し140mg/dL以上で精密検査へ。

②確定診断のための精密検査

検査名	説明
75gブドウ糖負荷試験(75gOGTT)	検査前に血糖値を計測してから、75gのブドウ糖が溶けた液体を飲み、その後(60分、120分後に採血)の血糖値の変化を調べる。

があります。自分自身で改善できるのは体重くらいしかないので、妊娠時には**できるだけ標準体重に近い状態にすることが発症予防につながります。**

- **高齢（35歳以上）**
- **肥満**
- **糖尿病の家族歴**
- **前回までの出産で巨大児（4000g以上）分娩の経験あり**

妊娠糖尿病の場合、**血糖値をしっかりと正常範囲にコントロールする**ことが大切になります。食事や運動の工夫でコントロールできる場合もあれば、インスリンの注射が必要になる場合もありますので、主治医の先生としっかり治療をしていきましょう。

妊娠初期

出産する場所についてのあれこれ

産婦人科で胎児の心拍（心臓の拍動）を確認できたら、次は**「母子手帳の取得」**と**「出産する場所の決定」**です。母子手帳はお住まいの自治体窓口に行けばもらえますが、出産する医療機関選びはそう簡単にいかないことも……。ここでは、出産する医療機関を選ぶ際のポイントをお伝えします。

●出産する場所の種類

日本では、どのような医療機関で妊婦さんは出産しているのでしょうか。2020年のデータでは、**病院（大学病院・総合病院など）が54％**、**診療所（個人病院・小規模な産院）が46％**、**助産所（助産院）が0・5％**、**自宅が0・1％**となっています[10]。

これを見るとわかるように、日本ではほとんどの妊婦さんが病院または診療所で出産しており、日本における「出産の安全性」（**妊婦さんや赤ちゃんの死亡が世界トップレベルに少ない**など）はこれにより支えられていると考えられています。

出産する場所を選ぶ際には、まず病院、診療所、助産所、自宅にはそれぞれどのような特徴があるのかしっかりと把握することが大切です（**図15**）。その上で、例えば病院にするのであれば、どの病院にするか（自宅から近い、無痛分娩が可能、分娩費用が安い、など）を検討していきましょう。

なお、最近では人気の施設だと分娩予約の制限が設けられており、**かなり初期のうちに予約が必要なケースもあります**ので要注意です。

図15 分娩施設の特徴

種類	施設の例	特徴	注意点やデメリット	向いている人
病院	大学病院や総合病院、大規模な産院	●正常分娩から難しい帝王切開、出産時の緊急トラブルまで幅広く対応可能 ●複数の診療科があるので合併症や持病への対応がしやすい ●チーム診療がメインで診療の偏りが起きにくい	●効率化／システム化されている面があり融通がききにくい ●1人の主治医にずっと診てもらえないことが多い ●サービス（食事やホスピタリティなど）はあまり充実していない傾向あり	●合併症や持病を持っている ●過去の出産で難産やトラブルがあった ●双子以上の妊娠 ●安全に無痛分娩をしたい など
診療所	個人病院や小規模な産院	●正常分娩から一般的な帝王切開まで対応可能 ●それぞれの施設によってカラーがある（フリースタイル分娩可、食事が非常に豪華など） ●特定の主治医が診てくれやすい	●合併症が見つかると妊娠途中で病院へ紹介される場合がある ●出産時の緊急のトラブルには対応しきれない可能性あり（その場合は近隣の大学病院や総合病院へ搬送となる） ●スタッフが少数のため無痛分娩などの管理体制が不十分な場合あり	●大きな合併症や持病がない ●自分の望む出産に対する希望が強い（フリースタイル分娩をしたい、など） ●信頼しているかかりつけ医がいる など
助産所（助産院）		●アットホームな雰囲気をつくっていることが多い ●融通をきかせてくれやすい	●異常分娩には対応できず、緊急トラブル時の重症化リスクがかなり高くなる	*個人的に非推奨 （選ぶ際には、リスク管理や近隣の病院等との連携具合をしっかり確認しておきましょう）
自宅		●自身のリラックスした環境で出産に臨める	●異常分娩には対応できず、緊急トラブル時の重症化リスクがかなり高くなる	*個人的に非推奨

妊娠初期

切迫流産の正しい知識

「流産」と聞くと、ドキッとしてしまいますよね。きっと**「切迫流産」**という言葉も、何か怖いイメージを持ってしまうかと思います。しかし、**きちんとした知識を持っておくことで、過度に不安を抱くことなく対処しやすくなる**でしょう。妊娠初期の方にはぜひ知っておいていただきたい情報をお伝えします。

まず、一般的にどのくらいの女性が流産に至ってしまうのでしょうか。すべての妊婦さんのデータを平均すると、**流産率は15％程度であり、決して珍しくない**ことがおわかりになるかと思います。なお、流産率は妊婦さんの年齢にもっとも影響を受け、**20代では10％程度**ですが、**35歳以上では約25％**、**40歳以上では約50％**となります。[11]

妊娠初期の流産では、その**ほとんどで胎児側に原因（染色体の異常や遺伝子レベルの病気）があります。**もともと出産まで成長できる生命力が備わっていないのです。なお、妊婦さんのちょっとした運動や軽い仕事などが流産を引き起こすとは考えられていません。

● 切迫流産とは？

切迫流産は**「流産となってしまうリスクが通常より高い状態」**を意味しており、妊娠初期に性器出血や腹痛が認められた妊婦さんが、このように診断されることがあります。ただし、切迫流産は**まだ妊娠が継続している状態で、流産が決定したわけではありません。**

一般的に、出血量が多く強い腹痛を伴うほど、流産に進行してしまう可能性が高くなります。逆に、少量の茶色〜黒っぽい出血だけで腹痛がなければ、完全に流

図16 切迫流産の予防法・治療法

予防法

●過度な長時間勤務や不規則勤務、重労働を避ける

治療法

●確立された治療薬はない

●唯一の対策は「安静を意識する」こと
（日常生活や通常の家事程度の動きではまず悪影響はない）

●絶対安静は推奨されていない

産となる危険性は低めと考えられています。

●切迫流産の予防法と治療法

では、切迫流産の予防法や治療法はあるのでしょうか。まとめると**図16**のようになります。明確な予防法は残念ながら解明されていません。**有効性が確立された治療薬はなく、「無理な運動や身体の負担を避ける」くらいしかありません**[12]。つまり、妊娠初期の出血・腹痛に対応する予防法や治療法が現在の医学でも確立していないので、流産となるかどうかはある程度確率の問題となってしまうのです。

もし診断された場合には、**具体的にどこまで「安静」にすることが必要かつ適切なのかなどをかかりつけ医に相談**しながら、正常の妊娠状態に戻るまで可能な範囲での対処をしていきましょう。

切迫流産には、**精神的なストレスも悪影響を及ぼすのではないかと考えられています**。きちんとした知識を持つことで、過度に不安を抱えることなく、上手に対処していきましょう。

妊娠初期

とても大事な妊娠初期の感染症チェック

妊娠初期には、血液検査で感染症チェックがすべての妊婦さんに実施されます。これは、**「現在感染症にかかっているか」**と**「感染症に対する免疫を持っているか」**の2点を確認することが目的で、妊婦さんにとっては非常に大切なものです。

しかし、「感染症」と聞いてもいまいちピンとこないかもしれないので、妊娠初期の感染症チェックについて説明します。

一般的に、初期検査（8〜12週頃）として確認する感染症には**図17**のようなものがあります。[13] このような感染症が隠れていないか、また免疫（抗体）を持っているかを確認します。もし異常が見つかれば、治療・予防法の計画を立てます。

特に、**30〜60代の男性は風疹の抗体を持っていないことが多く**、家庭内感染（男性パートナーから妊婦への感染）に注意が必要です。現在、**昭和37年4月2日〜昭和54年4月1日生まれの男性を対象として風疹の抗体検査や予防接種に対して自治体で費用補助をしています**（2023年6月時点）。お住まいの自治体や保健所にお問い合わせください。

なお、**トキソプラズマ**（生焼けの肉や生ハム、非加熱処理のレバー・パテの摂取や、ネコの糞・ガーデニングで感染リスクあり）や**サイトメガロウイルス**（特に乳幼児などから知らぬ間に感染がうつることが多い）などにも注意が必要です。[14][15] ただ、これらは妊娠初期検査に必ず含まれている検査項目ではないため、心配であればかかりつけの医療機関に相談してみましょう。

図17 妊娠初期検査でチェックする感染症の項目

検査項目	説明
梅毒血清反応	妊娠初期(妊娠20週頃まで)に感染すると、胎児に感染し先天性梅毒(骨・眼・耳などの機能に悪影響が出る)となるリスクあり。
HBs抗原	B型肝炎ウイルス(HBV)の検査。妊婦がHBVキャリア(ウイルス感染していても発病してない状態)だと、胎児にも感染するリスクがある(胎内感染率5%程度)。
HCV抗体	C型肝炎ウイルス(HCV)の検査。妊婦がHCVキャリアだと、胎児にも感染するリスクがある(胎内感染率10%程度)。
HIV抗体	AIDS(エイズ:後天性免疫不全症)の原因となるヒト免疫不全ウイルス(HIV)の検査。分娩などで新生児に感染してしまうリスクあり。
HTLV-1抗体	ヒトT細胞白血病ウイルス1型(HTLV-1)に感染すると白血球のひとつであるリンパ球の働きが弱くなり、一部の人は白血病などを発病する。母乳感染で新生児にうつってしまうリスクあり。
風疹ウイルス抗体	別名「三日はしか」。症状は発疹、発熱、リンパ節の腫脹など(無症状のこともあり)。妊娠20週までに初めて風疹にかかると、胎児へウイルスが感染して眼、心臓、耳に悪影響を及ぼす可能性がある(先天性風疹症候群)。

「母子健康手帳について」(厚生労働省)を参考に著者作成

Column 2

妊娠中に気をつけたほうがよい食材

妊娠中は、妊婦さん自身と胎児の健康を考え、意識して摂取するべき栄養素と避けたほうがよい成分や食材があります。完璧な食生活を送るのはなかなか難しいので、重要なポイントだけしっかり押さえ、あとは日々の生活でできる範囲で意識・実践してみましょう。

摂取してほしい栄養素

1 葉酸

胎児の神経管閉鎖障害という病気の発症リスクを減らすため、葉酸の摂取がすべての妊婦さんに推奨されています。ほうれん草、小松菜、ブロッコリー、かぼちゃ、枝豆、いちご、バナナなどの緑黄色野菜に多く含まれています。

2 鉄分

妊娠中は貧血を防ぐために鉄分を意識して摂取しましょう。赤身肉、豆類、ほうれん草などに多く含まれています。タンパク質（肉や大豆、卵）やビタミンC（緑黄色野菜、果物）と一緒に摂取することで吸収率が上がります。

3 カルシウム

カルシウムは胎児の骨や歯の形成に重要であり、妊婦さんの骨密度維持にも必要です。乳製品、小魚、豆腐、アーモンド、切干大根などがおすすめです。

4 DHA・EPA

DHA（ドコサヘキサエン酸）とEPA（エイコサペンタエン酸）は、胎児の脳や視力の発達に重要だと考えられており、青魚やサプリメントから摂取することができます。ただし「どのくらいの摂取が実際に良い／悪い影響を生むか」はまだはっきりとわかっていません。

5 ビタミン

ビタミンA・C・D・Eなどの摂取も重要です。果物や野菜からバランスよく摂取しましょう。なお、ビタミンAの過剰摂取は胎児に悪影響となる可能性があるため、サプリ等で摂取しすぎないようご注意ください。

注意すべき成分や食材

1 生もの

生魚や生肉は寄生虫やトキソプラズマ、リステリアなどの感染リスクがあるため、避けるか十分に加熱して食べてください。

2 一部の魚

キハダマグロ、カジキマグロなどの大型魚は、体内に水銀が蓄積されていることがあるため摂取量に注意しましょう。イワシ、サンマ、サバなど水銀濃度が低い水産物を控える必要はありません。

3 アルコール・カフェイン

アルコールは胎児への悪影響があるため避けましょう。カフェインは適度な摂取量を守ることが大切で、妊娠中は1日あたりのカフェイン摂取量を200～300mg以下（コーヒー2～3杯程度）に抑えましょう。コーヒー以外にも緑茶、紅茶などにも含まれるため要注意です。

4 生野菜・果物

ビタミン等の摂取で活躍する野菜・果物ですが、表面に付着している可能性のあるトキソプラズマなどの病原体の数をできる限り少なくするため、よく洗って食べることを忘れずに。

第2章

妊娠中期

―

妊婦さんと赤ちゃんの
健康のために

妊娠中期

妊娠中期の妊婦さんと赤ちゃんの変化

つわりが落ち着き、食欲が出やすい時期。運動習慣をつけて楽しく体重管理をしましょう。

5ヶ月（16～19週）

Point

胎動（胎児が動くこと）がだんだんとわかってくる時期。胎動についての基礎知識や注意点を把握しておきましょう

胎盤が完成して「安定期」と呼ばれる時期に。赤ちゃんの動きや妊婦さん自身の身体の変化が目立ち始めます。

妊婦さんの からだの変化

- 赤ちゃんの成長にあわせて子宮は大人の頭くらいに大きくなります。
- お腹やバストの膨らみが目立ち始めます。

胎動のほかにも、子宮が大きくなることでトイレが近くなったり無意識に姿勢が不自然になってしまったりという変化が生じます。変化にあわせて、自身の生活リズムや身体への気遣いを意識していきましょう。

赤ちゃんの様子

- 骨格や筋肉が徐々に発達するため、手足の動きが活発となって胎動がわかるようになってきます。

大きめのりんごくらいの大きさ

大きさ 15～24cm
体重 100～240g

6ヶ月（20～23週）

Point

妊娠20週を超えてつわりが落ち着き、食欲が出てくることが多いので、体重管理や運動習慣などを工夫していきましょう

一般的につわりが落ち着き、活動的になりやすい時期。一方で、腰痛や便秘などのマイナートラブルも増えてきます。

妊婦さんの からだの変化

- お腹はしっかりと大きくなって前にせり出してきます。
- 大きくなった子宮によって膀胱や腸が圧迫されやすく、姿勢（重心）の変化も強くなります。

身体や姿勢の変化に伴い、腰痛や便秘、貧血などが起こりやすくなります。生活習慣を整える、軽い運動を習慣化するなどで、身体を気遣っていきましょう。便秘に悩まされる場合には、使える薬もあるので妊婦健診時に相談してみてください。

赤ちゃんの様子

- 子宮内でくるくる動くほど活発になり、髪の毛や顔のパーツが超音波検査でも見えてきます。
- お股の部分で性別がわかる場合もあります。

パパイヤくらいの大きさ

大きさ 20～30cm
体重 240～740g

妊娠前
妊娠初期
妊娠中期
妊娠後期
出産
産後
婦人科一般

妊娠中期の過ごし方のポイント

栄養バランスのよい食事をとる

鉄分、カルシウムは意識してとろう！

運動習慣を身につける

体重コントロールにも
便秘予防にも◎
ウォーキング、ヨガ（常温）が始めやすい。

オーラルケア

妊娠中は歯肉炎、歯周病、
虫歯のリスクが増大。
いつも以上にしっかりケアし、
歯科健診も必ず受けよう。

ほかにはこんなことも

- おりものに変化がないかチェック
- 里帰り出産の準備
- 母親（両親）学級へ参加
- 乳頭のケア、マッサージ
- 赤ちゃんの名前を考え始める
- 戌の日の安産祈願
- 育児グッズのリサーチ

7ヶ月（24～27週）

Point

妊娠後期に入るとかなりお腹が大きくなって負担が増してきます。今のうちに出産に向けた事前準備を進めておきましょう

妊娠期の中では心身ともに比較的落ち着きやすい時期です。通常、妊娠24週以降は健診が2週間ごとになります。

妊婦さんの からだの変化

- 子宮はさらに大きくなってお腹も出てきます。それに伴って便秘や腰痛、排尿トラブル、痔、妊娠線などがより目立ってくる場合もあります。
- お腹が張りやすくなる人もいるため適宜かかりつけ医に相談しましょう。

痛みがなく、休めば落ち着いてくるようなお腹の張りは悪影響を及ぼさないことがほとんどですが、無理せず横になったりして過ごしましょう。なお、この時期以降の性器出血は少量でも異常なので、すぐにかかりつけ医へ連絡を。

赤ちゃんの様子

- 脳や視覚、聴覚、味覚などが発達する時期です。
- 子宮内の羊水量が増えてくるので、中でくるくるとよく動きます。
- 超音波検査で手足の指まで見えます。

1Lペットボトルくらいの大きさ

大きさ 30～36cm
体重 750～1000g

妊娠中期

赤ちゃんの推定体重にまつわる大事なポイント

妊娠初期を超えて妊娠中期に入ると、だんだんとお腹が大きくなり始めて、赤ちゃんの大きさも気になってきますよね。妊婦健診では、**妊娠20週前後から、お腹の超音波検査で赤ちゃんの推定体重を測ることができるようになります**。

産婦人科医は推定体重を測ることで、赤ちゃんの成長具合をチェックする以外にも、**頭の大きさ**や**お腹の周りの大きさ**、**足の長さ**等を測りながら、それぞれ正常範囲で成長しているかを確認しています。

お母さんたちにとっては、赤ちゃんの体重や体の部位の成長具合が正常範囲に入っているかどうか、とても気になると思います。しかし実際には、赤ちゃんの体重は超音波検査で間接的に測っているため、かなり誤差が生じやすいものになっています。

概ね推定体重には±10%程度の誤差があると考えられていて、例えば推定体重1000gと計算された場合、900~1100gの間くらいだろうと産婦人科医は考えています。

それでは、「正常範囲かどうか」をどう判断するのでしょうか。**医学的には「100人中95人が含まれる範囲」を正常範囲と定めています**。例えば以下のような体重は概ね正常範囲とされています[16]。かなり幅広いとわかりますよね。

- **妊娠20週：250~350g程度**
- **妊娠30週：1200~1600g程度**
- **妊娠35週：1900~2700g程度**
- **妊娠40週：2500~3600g程度**

＊日本産科婦人科学会周産期委員会の資料を参考に大まかな範囲を記載（これから外れる＝異常、とは限らない）

以上から、毎回の計測で平均値から少しずれていたとしても、**1回の計測だけでこれは異常だと決めつけることはまずありません**。もし赤ちゃんの成長具合が心配だと思ったら、2～3回連続でしっかりとチェックし、正常範囲を超えて大きい、または小さいかどうかを確認します。

お母さんにとって赤ちゃんの成長が心配なのはわかりますが、**あまり気にしすぎず、少し長期的な目線で赤ちゃんを見守ってあげましょう**。もちろん心配があるときにはかかりつけ医からきちんと説明があるはずです。

ストレスの溜めすぎはよくありませんので、普段はリラックスして毎日を過ごすことも大事です。

Q

「頭が大きめ」「平均より脚が短め」と言われて心配……将来的にも影響がありますか？

A

超音波検査で平均から少し外れていると不安になりますよね。この時期の「差」は、実際には数㎜から数㎝のレベルです。これが、将来数十㎝ほどの差に広がることはないため、幼少期から大人にかけての成長・発達を今の時点で心配する必要はありません。小さめに生まれて大きく育つ子どももたくさんいますし、その逆もしかりです。

妊娠中期

妊婦さんの本当に適切な体重の増え方

妊娠中は、お腹の赤ちゃんが大きくなり、羊水も増え、胎盤も大きくなるため、徐々に体重が増えていきます。一方で、**妊娠中の適切な体重コントロールは、ご自身のためにも赤ちゃんのためにも、とっても大切です**。ところが、妊娠前の体格は人それぞれですし、「どのくらい体重を調整すればいいかわからない！」という方も少なくないのではないでしょうか。

妊娠中のちょうどいい体重増加についてきちんと知っておき、無理なくコントロールできるよう工夫していきましょう。

妊娠中の必須体重増加量（赤ちゃん、羊水、胎盤、自分の水分や皮下脂肪の増加など）は、**おおよそ7〜8kg程度**と考えられています。

しかし、**妊娠時点での体重（体格）によって、妊娠中にどれくらい体重が増えるとよいのかが変わってきます**。

出産までの体重増加量の推奨目安は、**図18**の通りになります。これは、2021年に厚生労働省から新しく出された指針[17]によるもので、**以前よりも緩やかな基準に変更されました**。あまりに厳しい体重管理は弊害も大きいため、見直されたという経緯があります。

なお、BMIとは国際的にもっとも信頼されている体格指数です。

なお、**妊娠初期から中期の初め頃まで（〜妊娠18週頃）はつわりの症状に悩む妊婦さんが多く、また体重増加に関する学術的なデータもあまり多くないため、**

図18 妊娠中の推奨体重増加量

＊BMI＝［体重(kg)］÷［身長(m)の2乗］

妊娠前の体格	推奨される体重増加量（トータル）
低体重（やせ） *BMI18.5未満	12〜15kg
普通体重 BMI18.5以上25.0未満	10〜13kg
肥満（1度） BMI25.0以上30.0未満	7〜10kg
肥満（2度以上） BMI30.0以上	個別対応（上限5kgまでが目安）

「妊産婦のための食生活指針」(厚生労働省／2021年3月改定)を参考に著者作成

厳密に管理する必要はないと考えられています。体調をみながら、かかりつけ医と一緒に相談していきましょう。

もうひとつ大切なことをお伝えしておきます。**近年、「妊娠中と出生時の環境が、その子が大人になったときの病気に影響する」ということがわかってきています**[18]。例えば、低出生体重児もしくは巨大児として産まれた赤ちゃんは、成人後の生活習慣病（肥満や糖尿病など）になるリスクが高まってしまうと考えられています。また、**妊娠中にお母さんの体重増加が著しいと、子どもの5歳時点や17歳時点での肥満が増える**とも言われています。

ただ、体重のことでストレスを感じすぎては妊娠生活に支障が出てきてしまいます。体重だけですべてが決まるわけではないので、家族やかかりつけ医と相談しつつ、**工夫を楽しみながら体重のコントロールを目指してみましょう**。

妊娠中期

タバコを絶対にやめるべき4つの理由

日本では、若い女性の喫煙率が増加傾向にあるとの調査があり、近年では電子／非加熱タバコの利用も広がってきています。また、**家庭で受動喫煙の機会がほぼ毎日ある人は女性で11・6％**と報告されており[19]、受動喫煙による妊娠出産への悪影響をいかに減らすかということも大事です。

妊娠中の喫煙（受動喫煙を含む）は低出生体重や乳幼児突然死症候群などさまざまなリスクに関連します[20]。

ここでは、妊娠中にタバコを絶対にやめるべき4つの理由を説明します。

1 胎児への影響

タバコに含まれるニコチンは、胎盤を通ってお腹の赤ちゃんにも届きます。ニコチンは、ニコチンの作用により、細かな血管がさらに狭くなり、胎盤から赤ちゃんへ送られる血液量が減少してしまいます。これにより、**喫煙しているお母さんから産まれた赤ちゃんは出生時体重が平均で100～200gほど小さくなる**という研究報告があります。

また、**妊娠中のタバコと赤ちゃんの先天異常（生まれつきの身体の構造的異常）の関連についても世界中で数多くの研究がされてきました**。タバコによって特にリスクが上がる先天異常として、「口唇口蓋裂（こうしんこうがいれつ）」（唇や上顎、鼻の一部に生まれつき割れ目がある）があります。なお、**喫煙本数が増えるほど発症リスクが高くなる**こともわかっています。

2 母体への影響（産科合併症）

妊娠中のタバコは、お母さん自身の全身の血管にも影響を与え、**常位胎盤早期剥離**（子宮内で胎盤が剥がれてしまう）や**妊娠高血圧症候群**といった産科合併症の発症リスクを増加させてしまいます。

常位胎盤早期剥離は、子宮内で胎盤が子宮から剥がれてしまうもので、大量の出血につながります。**母子の命に危険が及ぶ大変怖い合併症**ですので、リスクを上げてしまう行為はぜひ避けていただきたいです。

妊娠高血圧症候群は、母体の高血圧によってさまざまなトラブルを引き起こす怖い合併症です。**早産となる理由としてもメジャー**なものなので、こちらもリスクを上げる行為は避けたほうがよいでしょう。

3 母体への影響（早産）

妊娠中のタバコは、早産（妊娠37週未満での出産）のリスクを高めます。早産児（未熟児）には多くの健康リスクが付きまとうので、赤ちゃんが生まれた瞬間にさまざまな負担を背負うこととなります。

4 乳幼児になってからの健康への影響

タバコが悪影響をもたらすのは、胎児や出産直後だけではありません。**妊娠中に喫煙していた妊婦さんの子どもでは、乳幼児突然死症候群の発生が2～3倍に増加**してしまいます。せっかく元気に生まれても、赤ちゃんのその後の健康にリスクを背負わせてしまうことは避けたいですよね。

怖い話が続いてしまいましたが、タバコはこれだけ多くの悪影響を及ぼします。習慣を止めるのはなかなか難しいでしょうが、お腹の中で何も知らずに育っている**赤ちゃんに生まれつきのリスクを与えないためにも、妊娠したら早めの禁煙を強くお勧めします。**

なお、受動喫煙や電子／非加熱タバコでも同じような悪影響が出てしまうと考えられていますので、**家族にもぜひ禁煙を守ってもらいましょう。**

妊娠中期

「安定期」について ~よくある誤解と注意点~

よく、妊娠14~16週を超えると「安定期」と呼ばれますね。ここからは**胎盤が完成し、流産率が下がり、胎児の成長が著しく進む期間**ですので、多くの妊婦さんたちが安心感を抱く期間でしょう。しかし、「安定期」にはいくつかの誤解や注意点が存在します。

●「安定期」のよくある誤解

×安定期にはほとんどトラブルが起こらない

そんなことはありません。確かに流産率は下がりますが、**安定期に入ってからも妊娠糖尿病や妊娠高血圧症候群になる妊婦さんがいたり**、胎児の発育や羊水に異常が見つかることもあります。

また、中には**切迫早産**と診断されて入院する必要が出てくるケースも存在します。「安定期」の意味を誤解しないよう注意してくださいね。

×安定期には確実に胎児の性別がわかる

一般的に、妊娠20週頃になると、お腹からの超音波検査で胎児の性別がわかることがあります。ただし、**すべての妊婦さんで必ず性別がわかるわけではない**ですし、超音波検査での予測が外れることもあります。

加えて、早めに性別がわかると産後の準備がしやすいと思う人が多いように感じますが、**「妊娠中に性別を知ること」が本当に必要なのか、大切なのか**を、よく考えてみていただきたいなと思います。実際に「妊娠中に予測された性別が外れ、気持ちの面でなかなか受け入れられない」というケースも少なくありませんので……。

×安定期にはつわりが治まる

つわりの症状が治まる時期には個人差があり、妊娠20週頃まで続く妊婦さんもいます。**中には出産のかなり近い時期までずっと軽い症状が消えない**という人もいます。「体調がよくなるだろう」と無理なスケジュールを詰めすぎないようご注意くださいね。

●「安定期」の注意点

・妊婦健診は決められたペースできちんと受ける

安定期といっても、前述したようにさまざまな合併症やトラブルが見つかることもあります。**定期的な健診が大切**なので、2週間ごとなどかかりつけ医から指定されたペースできちんと妊婦健診を受けるようにしましょう。ただ、元気であれば、スケジュールの変更等で健診が数日ズレても問題ありません。無断キャンセルではなく、かかりつけ医に電話で相談してくださいね。

・マイナートラブルはひとつずつ対処していく

妊娠中期に入ると、**腰痛やむくみ、胃もたれ、便秘などの症状**が増えてきます（p67参照）。また、**精神的ストレス**が溜まってくる妊婦さんもいるでしょう。自身に合った、適切な休息やストレス解消方法を見つけ、腰痛や便秘などで困った際には早めにかかりつけ医に相談し、症状の軽減を図っていきましょう。

・「マタ旅」（妊娠中の旅行）にはご注意を

安定期に入ると、旅行に出かけたいという人がいらっしゃるかもしれませんが、**産婦人科医としては妊娠中の旅行は推奨し難い**もので、さまざまなリスクがあると考えています（p40参照）。産後は大変そうだから今のうちに旅行をしておきたい、という気持ちはよくわかりますが、お腹の赤ちゃんに負担をかける可能性を増やしてまで妊娠中に旅行に行くべきかどうか、ぜひ考えていただければ幸いです。

妊娠中期

「安定期」とはいうけれど……出る出る体の不調

いわゆる「安定期」について、多くの方が持っているイメージは「流産の危険性も減って体調も安定して、穏やかな生活になる時期」というものかもしれません。しかし、前述の通り、これは多くの誤解を含んでいます。

まず、**安定期に入ると胎盤の完成に伴って体内のホルモン環境が変化し、体調に多くの変化が生じます。**その多くは「重大な合併症」ではないので「**マイナートラブル**」と呼ばれますが、妊婦さんにとっては辛かったりストレスになったりするものばかりでしょう。

以下に、安定期に入ってから発生しやすい体調の変化や不調を5つ紹介します。

1 つわりの症状の軽減

多くの妊婦さんは、妊娠中期に入るとつわりの症状が軽くなり、徐々に消えていきます。ただし、一部の妊婦さんでは妊娠中期以降もつわりが継続する場合があることはp65でお話しした通りです。また、**においや味に敏感になるといった「感覚の変化」は残る場合が多いよう**です。家族にもそれを伝えておき、配慮してもらえるようにしておきましょう。

2 胎動がわかり始め 子宮の張りを感じやすくなる

一般的に、**妊娠中期の18～22週頃から胎動を感じます（ただし個人差があります）**。赤ちゃんが寝ているときは胎動を感じにくいですが、赤ちゃんが起きているときは胎動を強く感じることも多く、ときにお腹が押されて張り感を覚えることもあるでしょう。ただ、持続的な痛みやうずくまるような痛みがなければ通常心配ありません。

3 便秘

妊娠中期には、便秘の症状が現れることがよくあります。これは、妊娠に伴う**ホルモン変化の影響によって腸の動きが鈍くなる**ことがひとつの原因です。日頃から水分をしっかり摂り、運動習慣をつけておくと予防になります。症状が辛いときは妊婦健診時に相談してみましょう。

4 腰痛・股関節痛

妊娠中期には子宮がはっきりと大きくなってくるため、内側から圧迫されることで**腰痛**や**股関節痛**を感じる場合があります。**痛みが強ければ、市販の痛み止めや湿布を使わず、まずはかかりつけ医に相談しましょう。**骨盤ベルトが症状緩和に有効なこともありますよ。

5 浮腫（むくみ）

妊娠中期からは体内に水分が溜まりやすくなり、手足のむくみが目立ってくる場合があります。特に**暑い時期**や**長時間座りっぱなし・立ちっぱなし**の場合にむくみが強くなりやすいので気をつけましょう。

なお、片足だけがむくんでふくらはぎに痛みを感じるような場合には「**血栓症**」という病気の可能性があるため、なるべく早く受診するようにしてください。

妊娠中期

この時期だからこそやっておきたいこと
～運動、食事、口腔ケアなど～

健康的な出産に向けて、妊娠中期から準備を進めていくことで、よりよい体の状態をつくることができます。以下に、妊娠中期だからこそ始めておいたほうがよいことを4つ紹介します。

1 少しずつ運動を始める

適度な運動は、出産に備えた健康的な体を維持するのに役立ちます。また、**体重のコントロールや妊娠糖尿病などの予防、帝王切開率の低下などにも役立つ**ことがわかっています。[21] 理想的には**150分/週の運動が望ましい**ですが、妊娠中期から徐々に始めて負荷に慣れていきましょう。

ウォーキングやヨガ（常温）などからでもOKです。なお、開始時にはかかりつけ医に相談して問題ないことを確認するようにしましょう。

2 出産計画を立てておく

出産計画を考えておくことも大切です。**立ち会い出産**や**無痛分娩**の希望、緊急連絡先や予定日近くの動き方などを決めておき、出産予定の病院スタッフに聞かれた際には早めに伝えていけるとよいでしょう。

3 栄養バランスのよい食事を心がける

妊娠中期から、栄養バランスのよい食事を心がけることが大切です。特に、**鉄分**（p74参照）、**カルシウム**など、胎児の成長に必要な栄養素をしっかりと摂るようにしましょう。食事を抜いたり、間食を摂りすぎたりすると太りやすくなります。3食のどこかを抜くのではなく、夕食を控えめにするなど工夫してみましょう。また、体重を気にしすぎて**タンパク質や炭水化物を抜くのはお勧めできません**。寝る直前に食べると体重が増える原因になるため、就寝の3時間前には食事を食べ終わっているよう心がけてみましょう。

4 お口の中も健康に

妊娠中はエストロゲンという女性ホルモンが歯周病の原因となる細菌の増殖を促してしまうため、**特に歯肉炎や歯周病、虫歯が起こりやすい状態**です。つわりの時期は歯磨きをしにくくなる人も少なくありません。しかし、**歯周病に罹患してしまうと、早産・低体重児出産のリスクが増加する**という報告があります[22]。

歯ブラシを子ども用の小さいものに変える（細かいところまで届くうえ、ヘッドが小さく比較的吐き気を起こしにくい）、普段から**口の中の乾燥（歯垢の付着や菌の増加につながる）を防ぐ**などの工夫も有効です。

産後は赤ちゃんのお世話をする中、お母さんが歯科を受診する時間をつくることはなかなか難しいため、妊娠中に歯科健診を受けておくことをお勧めします。

妊娠中期

妊娠中のセックス・本当のところ

妊娠中のセックスについて、妊婦健診で質問を受けることがあります。妊婦さん自身が希望している、パートナーが希望しておりそれに応えたい、妊娠中にもスキンシップを取れる方法を探している、など状況はさまざまなようです。

結論から言いますと、**妊娠中のセックスは医学的に安全であることがわかっています**[23]。オーガズムを感じても問題ありません。また、胎児に悪影響を与えるということもありません。

ただし、以下に挙げることには注意を払い、カップルでよく相談していただければと思います。

●切迫早産のリスクがある場合

子宮頸管長が短い、お腹の張りが増えてきている、など、**切迫早産のリスクがある場合**には、事前に必ずかかりつけ医に相談しましょう。

●体位の工夫

セックス中に腹部への負担や衝撃を避けるため、**辛くない体位をとる、衝撃のかかるような動きは控える**、などの工夫が大切です。特に、だんだんとお腹が大きくなってきたら、どのような体位なら無理なくできるのか、パートナーと一緒に探してみてくださいね。

●性器出血や破水など

妊娠中期でも、性器出血や破水などが起こる可能性がゼロではありません。万が一、こうした症状が現れた場合にはすぐにかかりつけ医へ相談しましょう。

● 細菌性腟症・膀胱炎

腟内の細菌のバランスが崩れる**「細菌性腟症」は、早産のリスクを高める**ことがわかっています。**膀胱炎**になった場合には早めの治療（抗菌薬の投与）が必要です。また、もしその他の性感染症（クラミジアや梅毒など）にかかると妊娠経過や胎児へ悪影響が生じてしまうことがあります。

セックス前には必ず手洗いやシャワーで清潔を保ち、コンドームを使うようにしましょう。妊娠しているからといって「コンドームをつけなくていい！」と思うのは大きな間違いです。

● 性欲の変化

妊娠中には性欲に変化が生じることが多いです。もちろん個人差はあり、性欲が高まる人もいますが、どちらかといえば低下する女性のほうが多い印象です。また、皮膚の感触やにおいに敏感となり、不快と思いやすくなる人もいます。こうした心身の変化をまず自身でも把握し、しっかりとパートナーに伝え、「本当はセックスに乗り気ではないのに無理に応じる」ような状況は避けるようにしてくださいね。

● セックスしたことを隠さないで

腹痛やおりものの異常、性器出血があって受診した際に、恥ずかしさや罪悪感から、思い当たる原因としてセックスしたことを医師に隠してしまう人が時々います。決して恥ずかしいことではないですし、原因究明のために大切な情報ですので、受診時には正直に伝えてくださいね。

以上のように、**妊娠中のセックスは医学的に安全ですが、注意点は少なくありません**。何か不安なことがある場合は、必ずかかりつけ医に相談してアドバイスを受けることが大切です。

妊娠中期

胎動の異常をチェックする方法

妊娠中期になると、だんだんと胎動を感じるようになってきます。ところが、胎動がいつもより少ないと感じると、赤ちゃんは元気なのか不安になってしまいますよね。大事なこととして、**「胎動が少ない」と判断する目安を知っておく**ことが適切な対処につながりますし、不安になりすぎないためにも役立ちます。

一般的に、**妊娠18〜22週頃に胎動を感じ始めます**が、個人差があるため妊娠20週前後で胎動がわかりにくくても焦る必要はありません。

胎動は赤ちゃんの元気さの指標ですが、実は24時間常に元気に動いているわけではないのです。**赤ちゃんはおおよそ20分サイクルで寝たり起きたりを繰り返しており、寝ているときは胎動を感じない**ことがほとんどです。

胎動は元気さの指標である一方で、お母さんが感じている胎動が赤ちゃんの動きのすべてではないので、胎動が少ない場合に必ずしも赤ちゃんに危険が迫っているとは限りません。しかし、実際に胎動がないときに赤ちゃんが元気かどうかは自分で確かめようがないため、**普段よりかなり胎動が少ないと感じる場合は、かかりつけ医を受診**して、診察してもらうほうがよいでしょう。

● 胎動の数え方

胎動の数え方を覚えておくと「胎動が少ない」ことを客観的に判断しやすくなります。ただし、妊娠中期ではまだ赤ちゃんが小さく胎動の感じ方にばらつきがあるため、**胎動を数えるのは妊娠28週以降**がおすすめ

図19　10カウント法

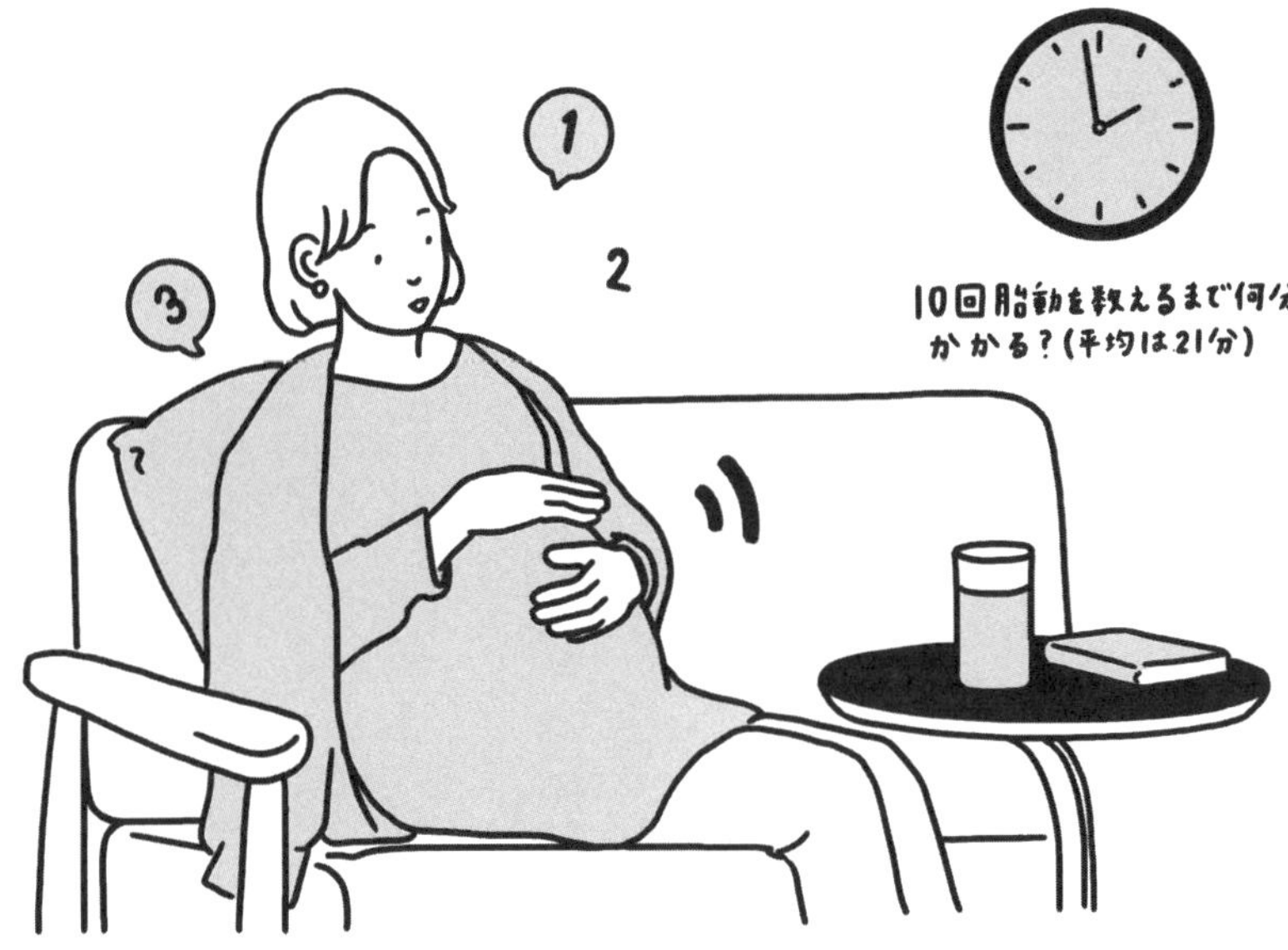
1
2
3
10回胎動を数えるまで何分
かかる？（平均は21分）

です。

よく使われる胎動の数え方は**「10回の胎動を感じるのにかかった時間」をカウントする方法**（10カウント法）です。[24] 10回の胎動を数えるのに**平均で21分**という報告があります。

医療機関によって、「この方法で胎動が10回カウントされるまでにかかった時間がどれくらいなら連絡してください」という基準が異なっていますが、例えば1時間以上かかったり、普段より明らかに胎動が弱くなったりした場合には早めにかかりつけ医へ連絡するようにしましょう。

なお、**胎動は激しすぎることが赤ちゃんの異常のサインとは考えられていない**ので、元気すぎると感じても心配いりません。また、**予定日が近づくと胎動がほとんどなくなる、というのは誤った情報**です（p100参照）。ダイナミックな動きは減りやすいですが胎動はしっかり感じられるはずなので、誤解のないようにしてくださいね。

妊娠中期

貧血は赤ちゃんにも影響する？

女性は、妊娠する前から貧血を指摘されている場合が少なくありません。それに身体が慣れてしまっていると症状を感じにくくなりますが、**妊娠中の貧血には要注意です**。それは、自分だけでなくお腹の赤ちゃんにも影響してしまう可能性があるためです。**妊娠中の重度な貧血は、早産や赤ちゃんの低体重のリスクが上昇する**という研究報告があります。

● 好発時期・自覚症状

妊娠中の貧血は、特に妊娠中期から後期にかけて起こりやすいです。これは、子宮内の赤ちゃんの成長に伴い、鉄分や栄養素の消費が増加するためと考えられています。代表的な症状としては、**動悸**、**息切れ**、**疲れやすい**、**氷が食べたくなる**、などです。転倒にも注意が必要ですね。

● 原因

主な原因は、**鉄分不足**によるものです。**妊娠中は体内の血液量が増加し、胎児や胎盤の急激な成長・発育に伴って鉄分の必要量が増えます**。これに対応できるくらいの十分な鉄分が摂取できていないと、貧血になってしまうのです。

● 鉄分の必要摂取量

妊娠前は1日10・5㎎の鉄分摂取が必要ですが、**妊娠初期は13㎎、妊娠中期〜後期は20㎎**と約2倍の量が必要となります。[25] 食事やサプリメントで上手に摂取していきましょう。

図20 貧血を予防する食事のポイント

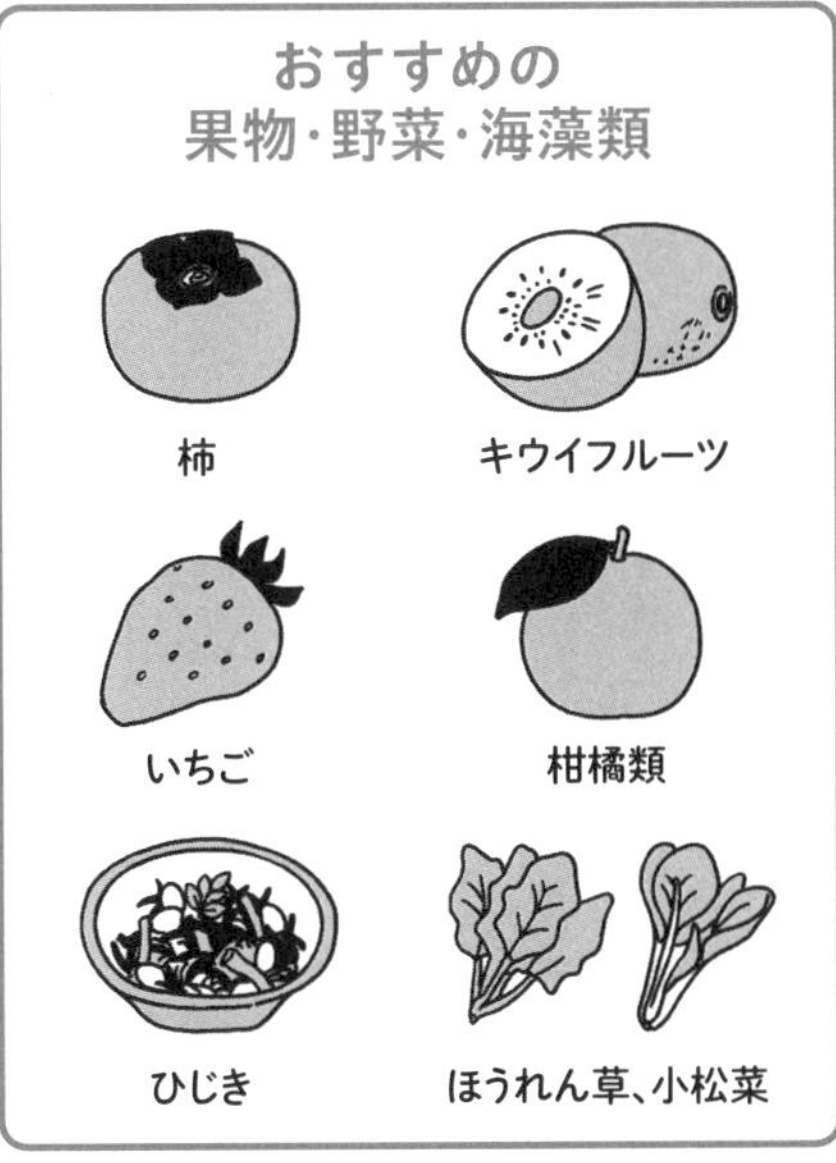

生活上の注意点

妊娠中の貧血を予防するために、まずはバランスのよい食事をとることが大切です。特に鉄分を多く含む食品を意識して摂取しましょう。

例えば、**肉、魚、豆類、海藻類、緑黄色野菜など**がありますす。また、ビタミンCを一緒に摂取することで鉄分の吸収率が上がるため、**果物や緑黄色野菜、海藻類から鉄分補給する**作戦がおすすめです。

一方で、**カフェインやカルシウムの過剰摂取は鉄分の吸収を阻害するため、適度な摂取に留める**よう意識しておきましょう。レバーはビタミンAが含まれているため、過剰摂取は避けましょう。

サプリメント

食事だけで十分な鉄分を補うことはなかなか難しいため、**サプリメントを上手に活用してください**。

医療機関で処方される鉄剤は効果が高いですが、胃の負担や便秘につながりやすいという難点があります。

妊娠中期

「両親学級」には参加するべき？どんなことに役立つ？

自治体や医療機関が開催する、妊婦さんやカップル向けの「**母親教室**（**母親学級**）」や「**両親教室**（**両親学級**）」について知っておきましょう。

医療機関では参加必須としている場合もありますが、ルールは場所によってそれぞれなので、案内チラシ等を確認してくださいね。

●概要

母親教室や両親教室は、妊婦やカップルを対象に、**妊娠・出産・育児に関する知識やスキルを学ぶための講座やワークショップ**です。自治体や医療機関が主催し、産婦人科医や助産師、栄養士、保健師などの専門家が主な講師となります。

参加することで、必要な知識やスキルを得られることから安心して出産に臨むことができるだけでなく、**育児においても自信を持って取り組むことができるようになる**でしょう。

●メリット

- **妊娠・出産・育児に関する正しい知識を得られる。**
- **助産師や専門家から直接アドバイスや指導を受けられる。**
- **同じくらいの妊娠時期の妊婦やカップルと交流し、情報交換ができる。**
- **実践的な育児の技術**（おむつの替え方、授乳方法など）**を学べる。**
- **出産後の生活や育児に対する不安を軽減できる。**

●注意点

- 各自治体や医療機関によって内容や対象者が異なるため、事前によく確認しておく。
- 事前予約や申し込みが必要な場合がある。
- 専門家といえど、ときには偏った情報を伝える場合も。ひとつの意見ばかりに偏らないよう、こうした教室の場以外からも幅広く情報の収集を。
- 自分の状況や考え方に合わせて、適切にアドバイスを受け止めることも大切。どうしても疑問があったり納得のいかない場合には素直に質問を。
- ほかの参加者との交流は貴重な機会であり情報源となる一方で、プライバシーや個人情報には十分に注意が必要。他人に無理なアドバイスを押し付けることは避ける。

妊娠中期

里帰り出産のイロハ

里帰り出産は、**妊娠後期から産後まで（主に）実家で過ごし、母親や家族のサポートを受けながら出産に備える**ものです。これにより、身体的負担の軽減や育児に関する知識やスキルの獲得をしやすくなるなどのメリットがあります。

ここでは、里帰り出産をするためのイロハを5つのポイントに絞ってお伝えします。

1 医療機関選びとタイミング

里帰り先の医療機関は、できるだけ早い段階で決めておくと安心です。遅くとも妊娠中期までには決め、予約をしておきましょう。予約制の病院や人気の産院だと制限が設けられていて受け入れてもらえない可能性もありますし、臨月になってから初めて病院へ行っても断られることがあるためです。

なお、**合併症を持っている**[*]**、双子妊娠、帝王切開が必要だと言われているなどの場合には里帰りのタイミングが早まる場合がありますので**事前に確認しておきましょう。

また、里帰り先の医療機関によっては、妊娠中期頃に一度受診をする必要がある場合もあります。

2 移動方法

里帰りするタイミングは**一般的に妊娠30〜35週あたりです。**かなりお腹も大きくなっており、体調変化も心配ですので、なるべく移動時間が短く振動の少ない移動方法を選ぶことをお勧めします。ご自身で車を長距離運転することはやめましょう。

＊里帰りに影響する合併症①
・心疾患や腎疾患など（早めに受診してそれぞれの専門医師と協力して経過をみる必要がある）
・切迫早産（症状が落ち着いている間に移動するほうがよい場合がある）

なお、飛行機には搭乗規定があるので要注意。**出産28日前（妊娠36週以降）からは、医師の診断書と本人の誓約書が必要**となりますので覚えておきましょう。詳しくは各航空会社のウェブサイトをご確認ください。

3 現在通院中の医療機関への連絡と紹介状作成

里帰り出産することを決めた時点で、通院中の産婦人科へその意思を伝えておきましょう。加えて、最後の健診の際に、里帰り先の病院宛の紹介状を書いてもらうと安心です（里帰り先の医療機関から紹介状を持ってくるよう指示がある場合も多いです）。

4 持ち物

赤ちゃん用品は通常の出産時と同じですが、里帰り中に必要な身の回り用品なども あるため、チェック項目をつくるなどして**妊娠中期までには準備を整えておきましょう。**準備したら送れるものはあらかじめ実家等に送り、**身軽な状態で里帰りできる**よう工夫できるとよいですね。

5 出産後の健診

赤ちゃんとお母さんが受ける「**1ヶ月健診**」は、**通常里帰り先の病院で受けます。**

なお、出産後14日以内に出生地、居住地、本籍地のいずれかに提出する「**出生届**」の提出も忘れないようにしましょう。

＊里帰りに影響する合併症②
・妊娠高血圧症候群（血圧管理を里帰り先で早めに調整しておく必要がある）
・胎児の異常（子宮内胎児発育遅延など。里帰り先で早めに管理を始める必要がある）

妊娠中の服薬について ～風邪、インフルエンザ、花粉症～

妊娠中でも体調不良に悩まされることは少なくありません。妊娠中はどんな薬を使えばいいのか、そもそも薬が使えるのかわからないという方も多いと思います。ここでは、**一般的な風邪、インフルエンザ、花粉症に対する薬**について説明します。

● 風邪

基本的に風邪の多くの原因はウイルスの感染によるものですが、数日～1週間以内にほとんどが治ります。風邪に対する薬というのはいくつかありますが、**実はウイルスをやっつけるための薬ではなく、困っている症状を和らげるための対症療法が目的**です。つまり、辛い症状を一時的に緩和して、その間に自然に治るのを待つという作戦です。

妊娠中でも、熱を下げる解熱剤や咳止め、痰切り剤など対症療法のための薬はいくつか使えるものがありますが、それを使うことで**風邪の治りが早くなるわけではありません**。薬の影響が心配であれば、服薬せずに我慢するのもひとつの手でしょう。

症状が辛すぎて眠れないなど生活に支障が出る場合は病院や薬局で相談してみましょう。なお**39度以上のような高熱が続く場合には、お腹の中の赤ちゃんも心配**になりますので、一度は病院に電話して受診について相談することをお勧めします。

●妊娠中でも安全性が高いとされている薬の成分名（薬剤名）の例

・解熱剤：アセトアミノフェン（カロナール、アセトアミノフェン

錠）
・咳止め：デキストロメトルファン（メジコン錠、デキストロメトルファン臭化水素酸塩散）
・痰切り：カルボシステイン（ムコダイン錠、カルボシステイン錠）、アンブロキソール塩酸塩（ムコソルバン錠、ムコサール錠）

●インフルエンザ

インフルエンザに感染した場合、それが**直接お腹の赤ちゃんに悪影響を与えることはない**と考えられています。しかし、**妊婦さん自身が重症化しやすくなる**と考えられており、予防や迅速な治療が必要です。**インフルエンザに対するワクチンは妊娠中にも安全に接種できる**とわかっていますので、日本でも海外でもワクチン接種が推奨されています。接種は妊娠中のどの期間でも可能ですので、**流行シーズンが始まる10～11月頃に接種を検討しましょう**。

またインフルエンザにかかってしまった場合は、妊娠中でも**インフルエンザウイルスの増殖を抑える治療薬が使えます**[26]。これは病院で処方してもらう必要があるため、まずは医療機関を受診しましょう。水分摂取や睡眠時間の確保等も忘れずに。

●妊娠中でも安全性が高いとされている薬の成分名（薬剤名）の例
・抗インフルエンザウイルス薬：リン酸オセルタミビル（タミフル）、ザナミビル水和物（リレンザ）など

●花粉症

花粉症も、妊娠中に使える薬がいくつかあります。中には**副作用として眠気が出てしまうものもありますので、転ばないように注意する、車の運転を控える等の工夫をしましょう**。最近では眠気が出にくい薬も出てきています。加えて、一般の薬局で購入できる薬もありますので一度かかりつけの先生に相談してから自分に合うものを使っていくとよいでしょう。

●妊娠中でも安全性が高いとされている薬の成分名（薬剤名）の例
・花粉症薬：d-クロルフェニラミンマレイン酸塩（ポララミン、d-クロルフェニラミンマレイン酸塩錠）、ロラタジン（クラリチン、ロラタジン錠）、セチリジン塩酸塩（ジルテック、セチリジン塩酸塩錠）、フェキソフェナジン塩酸塩（アレグラ、フェキソフェナジン塩酸塩錠）など

妊娠中期

おりもののチェックは欠かさずに

妊娠すると、おりものに変化が生じることが一般的です。妊娠中は女性ホルモンの分泌が続くため、**おりものの量が増え、粘り気が薄れてサラサラした状態となり、色の変化（白く濁る、黄色味がかかる、クリーム色になるなど）**も認められます。においが少しきつくなる人もいます。これらの変化は「生理的変化」であって、異常ではありません。

しかし、中には注意しなければいけないおりものの変化もあります。

●気をつけたい「細菌性腟症」

「**細菌性腟症**」という病気の名前を聞いたことがあるでしょうか。妊娠中かどうかにかかわらずかかってしまうことがあり、実は海外では3～4人に1人、**日本でも5～10人に1人がこの状態にある**と言われています。

細菌性腟症とは、**腟内の正常な乳酸菌が減って、その他の有害な雑菌が増えてしまった状態**です。雑菌が増えると、それが子宮頸部や子宮内に炎症を起こす可能性が出てきます。特に妊婦さんではこうした炎症の影響で**切迫早産や早産のリスクが高まってしまう**というデータがあります。

細菌性腟症の代表的な症状は、**おりものの増加**です。また、**少し灰白がかってさらさらしており、においが強くなりやすい**という特徴もあります。

ただ、妊娠中の生理的変化と似ていて紛らわしい場合もあるため、おりものの変化が気になった場合には妊婦健診の際などに相談しましょう。診断がついた場合には、抗菌薬を使って治療します。

日常生活での予防も大切です。妊娠中にもセックスはしてOKですが、その際には**雑菌が増えないようコンドームを使う**ことが大切です。

また、**喫煙**や**ご自身による膣内洗浄**は細菌性膣症のリスクを高めると言われていますのでこれらの行為は避けましょう。

● おりものに混じる出血

おりものに混じる出血についても補足しておきます。**妊娠初期は微量の出血が混じることは珍しくなく、**大半の方は問題なく落ち着いていきます。明らかな出血がたくさんある場合やお腹の痛みが強い場合には、急いで受診すべきか病院に電話で相談してみましょう。

一方で、**妊娠22週を超えてからの出血は、基本的にすべて異常**だと考えます。少量であっても腹痛がなくても、まずは病院に相談することをお勧めします。

妊娠中には生理的変化としておりものが変化しますが、中には異常な変化があることを知っておき、病院へ相談する目安を把握しておいてください。気になった場合には妊婦健診でも積極的に聞いてみましょう。

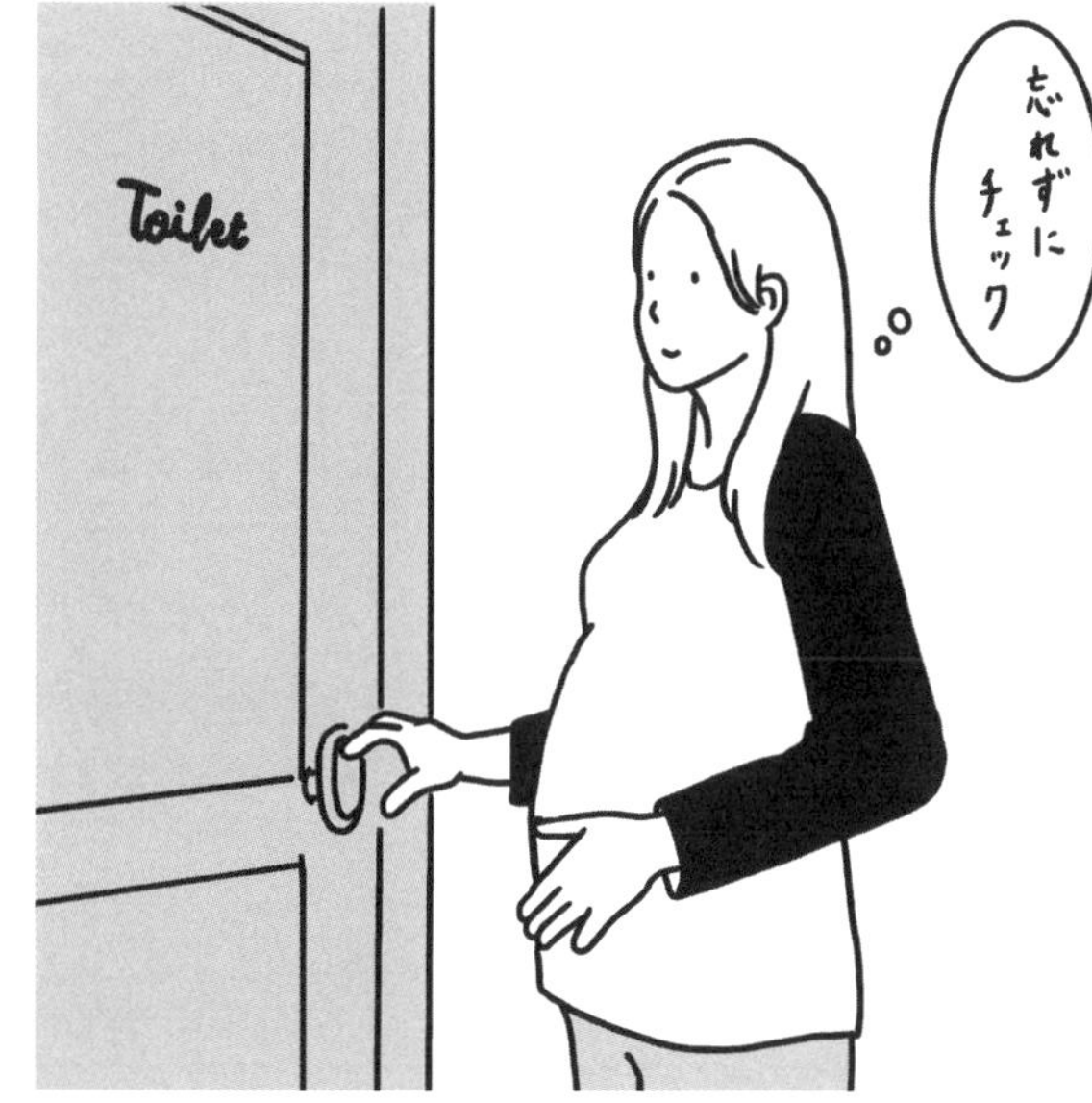

Column 3

妊娠は「病気」じゃない、けれど「正常な状態」でもない

妊娠は子どもを産むために必要なプロセスのひとつですが、昔から「妊娠・出産は病気ではない」という捉え方がされてきたように思います。現代でもこうした考え方や文化が残っており、職場や家庭・親戚内などで冷たい言葉を投げかけられた妊婦さんは少なくないと感じています。しかし、産婦人科医の目線で見ると、決して「妊娠は病気ではないのだから辛さは我慢して当たり前だ」といったような考えにはなりえません。

妊娠中にはさまざまな**身体的・精神的変化**が起きます*1。それは大なり小なり妊婦さんへの負担となりますし、お腹の中にいる赤ちゃんの心配にもつながります。そして、**産科合併症（妊娠糖尿病、妊娠高血圧症候群、切迫早産、破水など）が発生する危険性と常に隣り合わせ**であることを忘れてはいけません。

明らかな病気ではなくても妊婦さんにとって辛い心身の変化として、以下のようなものがあります。こうしたことを家族や友人、職場の同僚にも理解してもらうことが必要であり、妊婦さん自身で説明することも大切ですが、**それぞれの場の人たちが主体的に意識を変え、正しい知識を得ていく**こともまた重要だと考えます。

よくある妊娠中の心身の変化

1 身体感覚（味覚や嗅覚など）の変化

感覚の変化によって、**妊娠前に好きだった味や香りが苦手になったり、感覚過敏でストレスを感じやすくなったりする**ことがあります。パートナーやご家族は特に、食事や洗濯洗剤、消臭剤、香水などの香りには気を遣ってあげましょう。（個人差が大きいためご本人と相談して環境を整えてあげるとよいですね）

2 胃の不快感やムカムカ、胸焼け

妊娠初期につわりがあると、**胃のムカムカや吐き気が1日中ずっと消えない**人もいますし、重症化すると毎日が本当に辛いものとなります。また、妊娠中期以降になると子宮が大きくなって**胃腸が圧迫されます**。

3 トイレが近くなる

妊娠期間を通して、**頻尿**になりやすい傾向があります。また、普段より**膀胱炎になりやすい**です。職場での周囲からの気遣いはとても大切で、例えば長時間の会議ではトイレ休憩を挟むなど配慮をお願いしたいです。

4 息切れしやすく疲れやすい

妊娠すると、ホルモン変化や子宮によって**横隔膜が圧迫される**などの影響により、息切れをしやすくなります。また、妊娠中は**貧血になりやすい**ため、知らず知らずのうちに息切れや疲れやすさを感じることもあります。日常生活ではこうした変化が起きていることを認識した上で、無理のないペースで行動するようにしましょう。

*1 ACOG. FAQ. Changes During Pregnancy.

第3章

妊娠後期

いざというときに知っておきたい
医学的知識

妊娠後期

妊娠後期の妊婦さんと赤ちゃんの変化

子宮が大きくなり、お腹の張りや頻尿、腰痛などの症状が増える時期。出産準備も始めましょう。

8ヶ月（28～31週）

Point

お腹がだいぶ大きくなってくるため、お腹の張りや転倒には注意し、こまめな水分補給を意識して過ごしましょう

妊娠30週を迎える時期です。お腹はより大きく前にせり出してきて、足元が見えにくくなり、かがむのが難しくなります。

妊婦さんの からだの変化

・子宮が大きくなることによる種々の症状が強まってきます。

・お腹の張り、頻尿傾向、尿漏れ、腰痛・股関節痛、手足のむくみなどの悪化に注意しましょう。

妊娠8ヶ月からの妊娠後期には、1日の必要カロリーが妊娠前より450kcal増加します。甘いお菓子で増やすのではなく、赤ちゃんの成長に必要なブドウ糖はご飯や穀物などの炭水化物から摂取しましょう。

赤ちゃんの様子

・体の臓器はほぼ完成しています。

・羊水を飲みながら呼吸をするような動きが増えてきます。生まれた後の練習をしているのかもしれません。

1.5Lペットボトルくらいの大きさ

大きさ 36～40cm

体重 1000～1700g

9ヶ月（32～35週）

Point

万が一の早産などにも備えて、早めに出産時のシミュレーションや情報整理をしておくと安心です

予定日はまだ先ですが、「正常な出産時期」の開始である妊娠37週までまもなくです。

妊婦さんの からだの変化

・子宮による圧迫によって胃もたれや胸焼けが起こる人もいます。つわりのように辛い時期になるかもしれませんが、より子宮が大きくなると重さによって向きが変わるため症状が軽くなることが多いです。

だんだんと子宮の張りが強くなります。稀ながら陣痛や破水が起きて早産となってしまうケースも出てきます。心配しすぎる必要はないですが、あまり遠出や長距離移動はせず、常に病院へ行ける準備をしておきましょう。

赤ちゃんの様子

・ほとんど新生児と変わらない体になっています。

・妊娠34～35週を超えると呼吸を自力でできる能力が備わってきます。

・週に200gほど体重が増えます。

大きさ 40～44cm

体重 1700～2600g

妊娠前
妊娠初期
妊娠中期
妊娠後期
出産
産後
婦人科一般

妊娠後期の過ごし方のポイント

胎動のチェック

後期になると胎動を感じにくくなる場合が。ただしまったくなくなることはないので大きな変化がないか日々チェックしよう。

破水と尿漏れの違いを知っておく

前期破水した場合は緊急入院が必要。破水と尿漏れでは液体の色、におい、量、漏れ方に違いがあるので、あらかじめ確認しておこう。

腰痛対策

この時期から産後にかけて悩まされるのが腰痛。適度な運動や姿勢の改善から始めよう。

ほかにはこんなことも

- バースプランを考える
- 里帰り出産の場合は帰省・転院
- 陣痛・破水が起きたときに病院へ行く交通手段・ルートを確認しておく
- 入院用の持ち物をまとめておく
- 赤ちゃんを迎える準備
- 出産後に必要な手続きをチェック

10ヶ月以降（36週以降）

Point

妊娠37週を超えると正常な出産時期となります。いつ出産になっても大丈夫なように準備を整えておきましょう

いつ出産となってもおかしくない「臨月」に入ります。通常、妊婦健診は週1回のペースに変わります。

妊婦さんの からだの変化

- 予定日が近づくにつれてお腹の張りは増えてきて、血の混じったおりもの（いわゆる「おしるし」）が出てくるでしょう。
- お腹が大きくて寝づらくなりますが、体力保持も大事。うまく横向きになるなど工夫していきましょう。

陣痛は「10分以内に定期的にくる子宮の痛み（張り）」です。医療機関へ電話連絡するタイミングは条件によって変わりますので妊婦健診時に確認しておきましょう。破水かもと思ったら様子を見ずに必ず医療機関へ電話してくださいね。

赤ちゃんの様子

- 通常、頭は下向きに固定され、少しずつ骨盤内に下がっていきます。
- 胎動が少し減る場合はありますが、まったくなくなることはないので日々のチェックは続けましょう。

大きさ 44〜50cm
体重 2500〜3200g

妊娠後期

逆子にまつわるウソ・ホント

妊婦健診で逆子と言われてしまい、不安になってしまう妊婦さんも多いのではないでしょうか。**逆子だと基本的に帝王切開となります**ので、思い描いていた出産とは異なるものになってしまうことへの抵抗感や、手術への恐怖感を抱いてしまうのは当然でしょう。

この項では、逆子の対処法の紹介を含めて、逆子と言われたらどのように考えていけばよいのかをお伝えします。

そもそも「逆子」とは？

逆子（医学的には骨盤位と呼ばれる）とは、**お腹の中にいる赤ちゃんの頭が下（子宮口の向き）に向いておらず、お尻または足を下にしている状態**のことです。

子宮の中には羊水がたっぷりとあり、赤ちゃんはその中でぷかぷか漂っている状態なので、妊娠中は赤ちゃんがどの向きでも元気さや成長に問題は起きません。

ただ、いざ出産のときに逆子のままだと問題になります。これまでの研究結果から、「**逆子のまま経腟分娩を行うと新生児の死亡や合併症のリスクがかなり上がる**」ことがわかっています。[27] そして、これは**帝王切開を選択することによってそのリスクを避けられる**こともわかっています。このため、妊娠後期になっても逆子の場合には、分娩方法について担当医から説明があり、予定帝王切開の方針にすることが一般的です。

逆子の割合

それでは、逆子と言われてしまう妊婦さんはどのくらいいるのでしょうか。

実は、**妊娠37週を超えて逆子のままである人は、全妊婦の5%程度**しかいません。

ただし、妊娠中期から後期にかけては、赤ちゃんがまだ小さく羊水の中でくるくる回っているため、超音波検査をしてみたら「たまたま逆子の状態だった」ということは珍しくありません。妊娠30週台前半までに健診で逆子と言われても、**ほとんどの場合には自然と下向きに戻ってくれる**のです[28]。

● 逆子を直す方法

なお、逆子を直す方法として

- **逆子体操**
- **外回転術**

があります。

「逆子体操」は、仰向けで腰を上げた姿勢を保つなどして赤ちゃんが回りやすくなることを期待する方法です。ただ、これまでの研究では**この体操によって逆子が直る確率はしない場合と特に変わらず**、かつ無理な姿勢によってお腹が張ってしまったりというデメリットもあるため、一般的には**あまり推奨されていません**。

「外回転術」は、医師が厳重に様子を見ながら、妊婦さんのお腹を手で押して赤ちゃんを回転させる方法です。**成功率は概ね60〜70%程度**ですが、**実施している医療機関は限られています**。また、稀ながら処置によりお腹が張ってしまったり赤ちゃんが苦しくなったりして、緊急帝王切開になってしまうこともあります。外回転術を希望する場合には、まずかかりつけの医師に相談してみましょう。

Q なぜ逆子になるの？

A 子宮内の赤ちゃんは羊水に浮かんでいて自由に動くことができます。その中でも、一番リラックスできる（窮屈ではない）姿勢をとると考えられており、たまたま逆子になってしまうことがあるのです。子宮の形状や羊水の量なども影響します。妊娠後期になると骨盤内に胎児の頭がすっぽり入りやすくなり、頭が下向きになる場合が多いです。

妊娠後期

羊水は赤ちゃんを守る強い味方！

赤ちゃんは子宮内で成長する間、羊膜という膜に包まれた空間にある羊水に浮かんでいます。羊水は透明で、妊娠中期以降は赤ちゃんのおしっこが主成分となります。**羊水量は妊娠34週まで徐々に増加し、その後は徐々に減少**していきます。

赤ちゃんが正常に成長し発育するために羊水は以下のような重要な役割を果たしています。

- **衝撃の吸収**：羊水は、赤ちゃんを外部からの衝撃から保護するクッションの役割を果たします。
- **体温調整**：羊水には、赤ちゃんの体温を一定に保つ働きがあります。
- **余裕のある空間を保つ**：羊水がたっぷりあることで、胎児が自由に動くことができて筋肉や骨格の正常な発育を促します。
- **肺の成熟を促す**：羊水を飲み込みながら呼吸のような運動を練習することで、赤ちゃんは産まれた後にきちんと呼吸ができるようになります。

しかし、中には羊水に関連する異常や合併症が生じる場合もあります。

【羊水過多症】

羊水の量が通常よりも過剰に多い状態です。糖尿病・妊娠糖尿病、双子の妊娠、赤ちゃんの先天異常などが原因になりますが、原因不明のこともあります。羊水過多症は、**早産や胎盤が妊娠中に剥がれてしまうリスクにつながる場合があります。**

【羊水過少症】

羊水の量が通常よりもかなり少ない状態です。胎児の成長遅延、胎盤機能不全、妊娠高血圧症候群などが原因となることも。羊水過少症は、**子宮内の物理的圧迫や早産のリスクにつながる場合があります。**

これらの異常や合併症は、**定期的な妊婦健診で診察や超音波検査を受けることで早期に発見し対処することができます。**超音波検査で羊水量を測定する際には主に2種類の方法が使われています。

【羊水ポケット（AP: Amniotic fluid pocket）】

子宮の壁と赤ちゃんの体の間にあるスペースを円状に計測します（図21）。その円の直径がAPで、正常値は2～8㎝です。

【羊水インデックス（AFI: Amniotic fluid index）】

超音波検査で子宮内を4ヶ所測定し（図22）、それぞれの部位での子宮の壁と胎児の隙間の距離を合計したものです。正常値は5～24㎝です。

図21
羊水ポケット

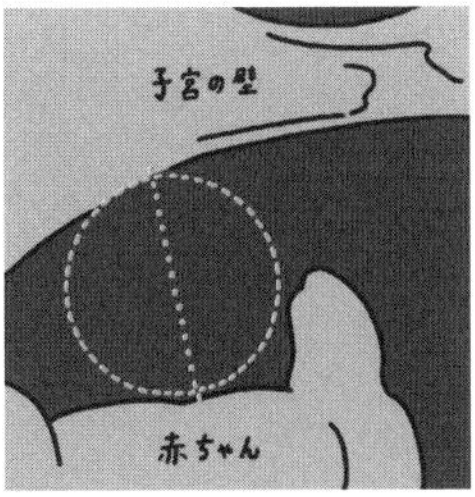

図22
羊水インデックス

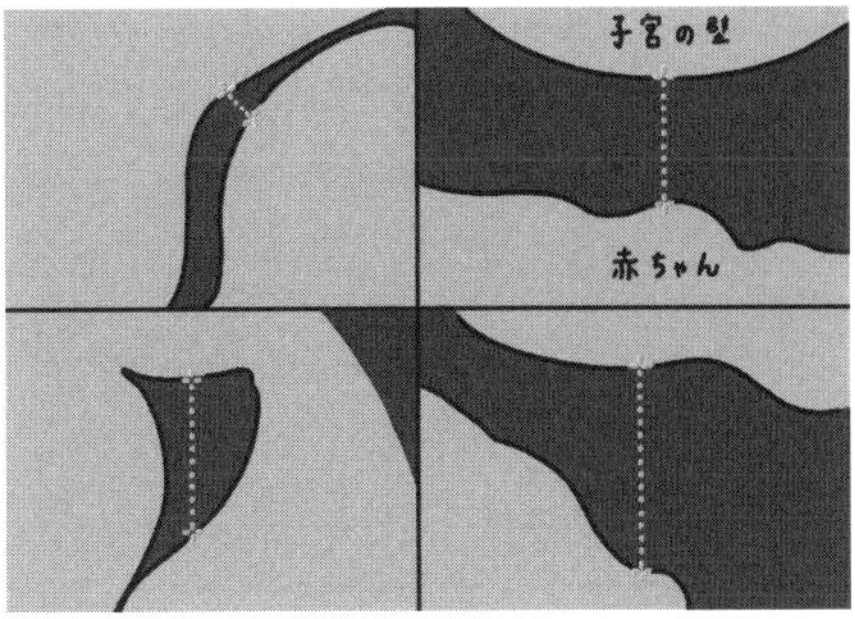

羊水量がとても少なくなると、赤ちゃんが子宮内であまり動けなくなり、胎動が減少する場合があります。日頃からの胎動チェックが大事な理由のひとつです。羊水の異常や合併症が発見された場合には、産婦人科医が適切な治療方針を考えます。**羊水の量をコントロールする方法はほとんどない**というのが実際のところですが、糖尿病や妊娠糖尿病の厳密な治療や、切迫早産への治療などが含まれます。

妊娠後期

胎児心拍モニター（ノンストレステスト）の基礎知識

妊娠後期になると、必要に応じて「**胎児心拍モニター**」という検査が行われます。「**ノンストレステスト（NST）**」とも呼ばれ、赤ちゃんの心拍と子宮の収縮を同時に計測するものです。

●検査の概要

検査の目的は、**胎児の心拍数が正常範囲内にあるかどうかを確認し、胎児が元気かどうかを評価する**ことです。また、子宮収縮の頻度や強さも同時に評価され、自覚のない収縮が起こっていないかを確かめる目的もあります。

●方法

NSTを実施する際は、妊婦さんのお腹に、胎児の心拍数を測定するための**超音波センサー**と、子宮収縮を測定するための**圧力センサー**が取り付けられます。これらのセンサーはベルトで固定され、測定データが外部モニターに表示され自動的に記録されます。

●受ける際の注意点

NSTは、通常、痛みがなく安全な検査ですが、次の点に注意してください。

最低でも15～30分は横になる必要があります。そのため、検査前にトイレに行っておきましょう。また、検査中に気分が悪くなった際には早めにスタッフへ相談しましょう。無理に継続することはありませんのでご安心ください。

事前にNSTを受けることがわかっていれば、**なる**

べくゆったりとした、お腹を出しやすい楽な服装で健診に行きましょう。

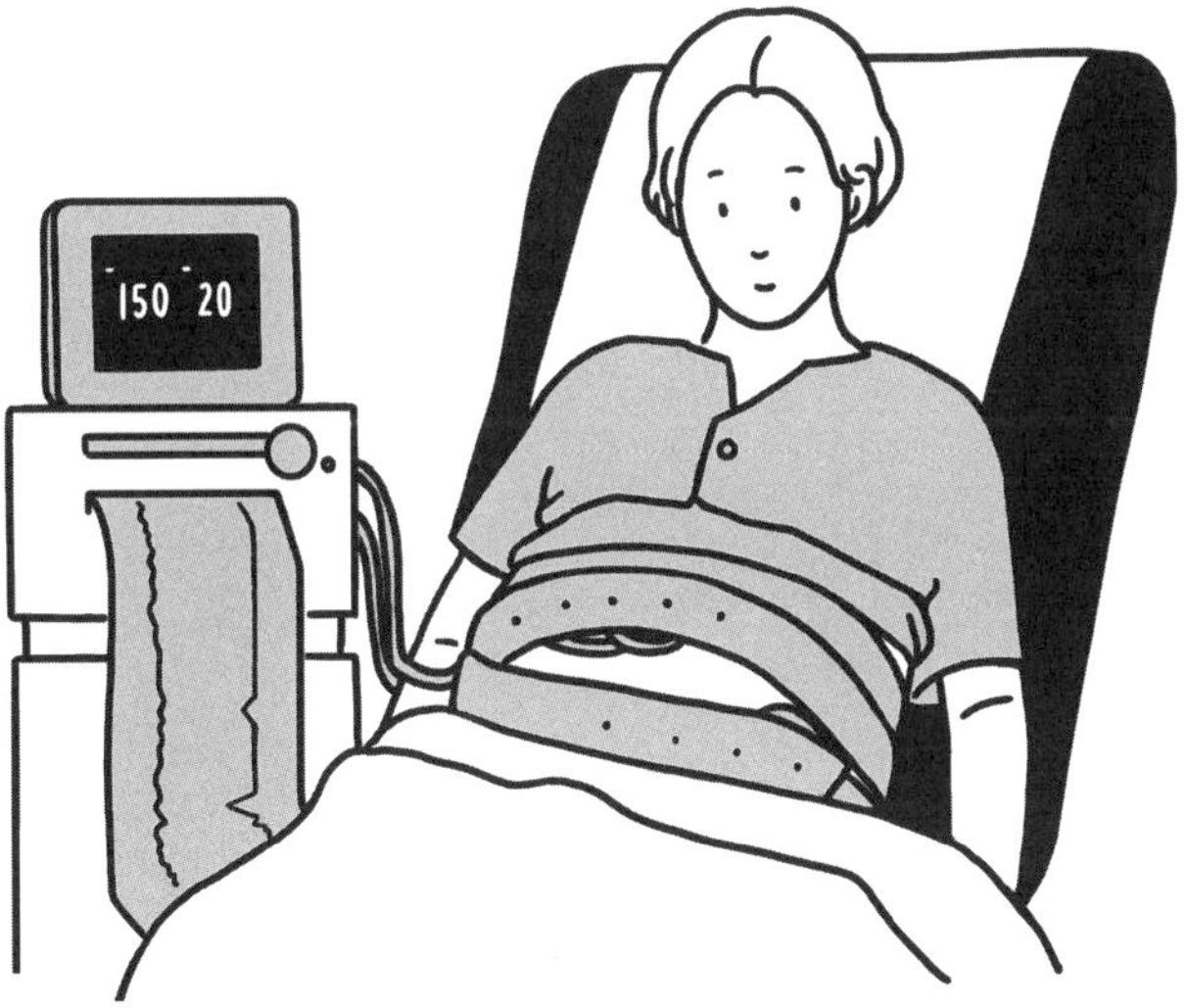

● 結果の見方

医師が詳しく判定しますが、基本的には次のような項目を見て胎児が元気かどうかを判断します。①**胎児の心拍数の正常範囲は110〜160回／分**です。心拍数が正常範囲外の場合、胎児に何らかのストレスがかかっている可能性があります。②**胎児の心拍数は毎秒細かく変動しています**。よって、グラフを見ると細かくギザギザするのが正常です。平坦な場合には、何らかのストレスがかかっている可能性があります。③**胎児の心拍は時々速くなります**（グラフがぴょんと上向きに跳ねる）が、これは正常な反応です。

右記の3つのポイントが確認できれば、ほぼ100%の確率で赤ちゃんが元気であると判断できます。一方で、**NSTでは「赤ちゃんの元気がない」ことを断定することは難しい**という特徴があります。怪しい場合には超音波検査などを使って赤ちゃんの様子をより詳しく観察することになります。少しのことで「異常があるかも」と出てしまうというNSTの特徴を覚えておき、担当医師の説明を聞くようにしましょう。

〈MEMO〉NST中の過ごし方

NST中は体勢を大きく動かさなければスマホや本を見るのはOKです。胎動を感じたら備え付けのボタンを押すタイプの機械もあります（スタッフから指示されます）。

妊娠後期

破水と尿漏れ、どう見分ければいい？

妊娠後期になると、いよいよ出産の現実味が湧いてきてソワソワしてしまいますよね。陣痛はまだ来ないとしても、**突然破水してしまった**という妊婦さんの声や体験談を見聞きしたことがあって、破水に対する恐怖感を抱いてしまうこともあるようです。

通常は**陣痛が始まってから破水が起こる**のですが、一部の妊婦さんでは先に破水してしまうことがあり、これを「**前期破水**」と呼びます。

前期破水では、**羊水が流れ出て子宮内が窮屈になってしまいますし**、**細菌が子宮内に侵入して感染してしまう危険性**もあります。また、稀ではありますが、へその緒が子宮の出口から出てきてしまうと一刻を争う緊急事態となってしまいます。

こうした理由から、**前期破水となった場合にはそのまま緊急入院**となるので覚えておいてください。

ただ、「破水と尿漏れってどう見分ければいいの？」と思っている妊婦さんはとても多いです。特に初めて出産を迎える妊婦さんにとっては区別が難しいもの。破水と尿漏れを区別するためのポイントをいくつか紹介するので、ぜひ頭に入れておきましょう。

【量と持続性】

破水では、**通常、一度に大量の液体が流れ出るか、しずく状に継続して漏れる**ことが多いです。また、**体勢を変えても漏れが止まらない**場合があります。一方、尿漏れでは、比較的出てくる量が少なく、一般的に漏れる量がだんだんと減るため、継続的な排出とはなりにくいという特徴があります。

【色とにおい】

羊水は通常、**透明またはわずかに淡い黄色で、ほぼ無臭です**。尿は黄色がかっており、独特の尿臭さがあります。こうした点も区別に役立つかもしれません。

【感覚とタイミング】

破水は**予期せぬタイミングで発生しやすく、尿意とはまったく関係なく液体が漏れる感覚があります**。また、破水後には子宮収縮や陣痛が始まることがあります。尿漏れは、くしゃみや咳、大きく笑ったときなどに膀胱周囲の筋肉が収縮することで尿が漏れるため、このような動作の後に生じやすいです。

なお、右記は区別する参考になりますが、**自信がない場合や破水かもしれないと思った場合には、躊躇せず速やかに産婦人科へ連絡し、適切なアドバイスを受けてください**。次の情報を医師や医療スタッフに伝えると判断に役立ちますので、ぜひご協力ください。

- **漏れ出た液体の量、色、におい**
- **体勢を変えた際の液体の漏れ方**
- **陣痛や子宮収縮の有無**

図23 前期破水を疑ったら

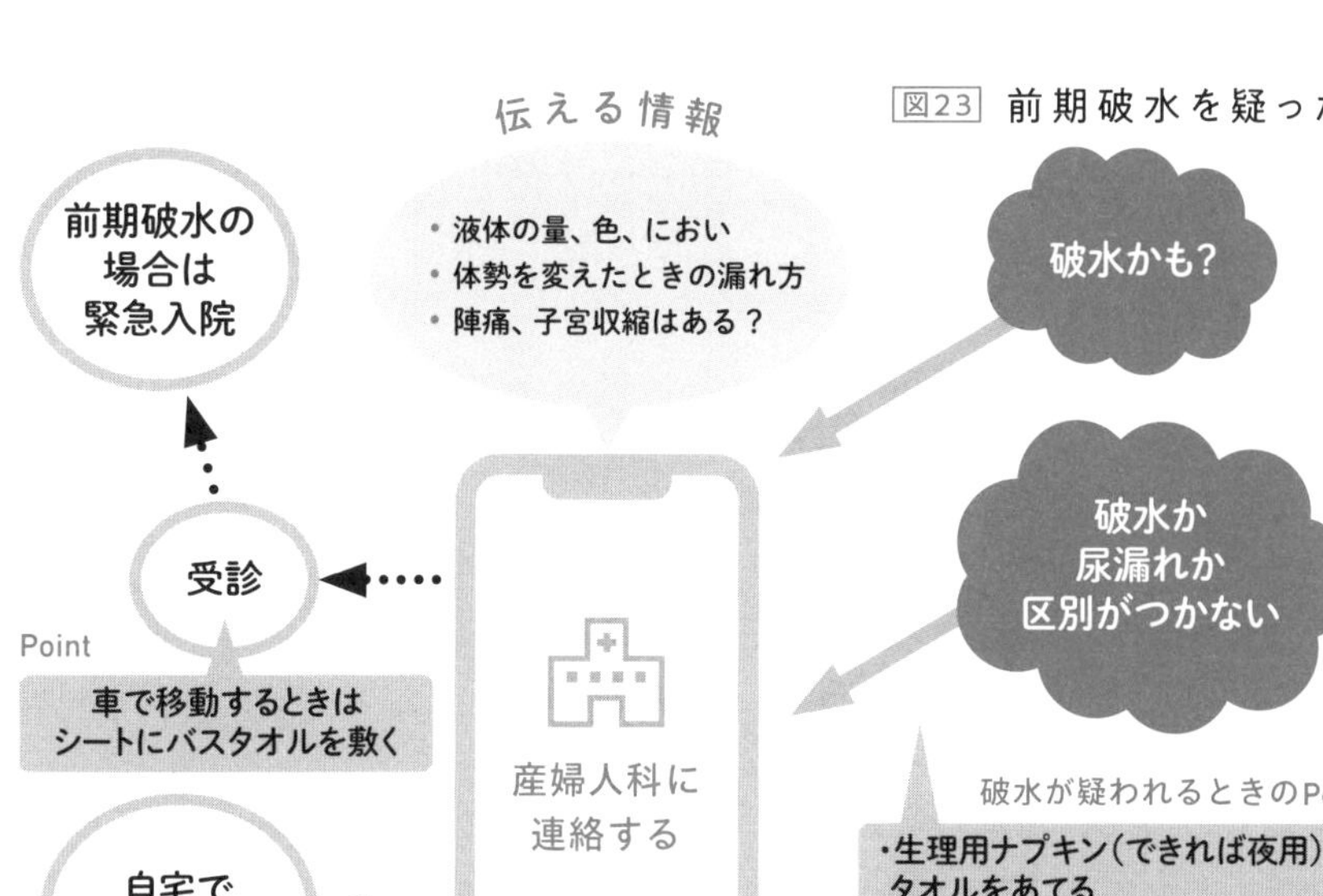
破水かも？
破水か
尿漏れか
区別がつかない
伝える情報
・液体の量、色、におい
・体勢を変えたときの漏れ方
・陣痛、子宮収縮はある？
産婦人科に
連絡する
前期破水の
場合は
緊急入院
受診
Point
車で移動するときは
シートにバスタオルを敷く
自宅で
様子見など
破水が疑われるときのPoint
・生理用ナプキン（できれば夜用）や
タオルをあてる
・入浴はしない
・ウォシュレットを使わない
・動き回らない

妊娠後期

「切迫早産」の正しい理解はとても大切

早産とは「**妊娠37週未満での出産**」を指し、早産児として産まれてしまうことによる健康上のトラブルが問題となります。そして「**切迫早産**」とは「**早産になるリスクが通常より高い状態**」を意味します。

日本では早産率が世界トップクラスに低い水準ですが、それでも**約20人に1人が早産**となっています[29]。妊婦さんの中には、インターネット情報や友人などからの情報で、早産になったらどうしようと不安を抱えている人もいるかと思います。一方で、SNSやインターネット上にはさまざまな情報があふれ、**早産や切迫早産に関する適切な認識が広がっていない**ことも事実です。今回は、切迫早産について正しく理解していただくためのポイントをお伝えします。

まず皆さんが気になるのは「**どんな人が早産になりやすいか**」かと思います。これまでに明らかになっている早産のリスク因子には**図24**のようなものがあります。ただし、これにひとつも当てはまらない人でも切迫早産になることはあります。

図24 早産のリスク因子

- **過去に早産の経験がある**
- **前回の出産から半年以内の妊娠**
- **継続した喫煙**
- **妊娠時に痩せ体型**（**BMIが18.5未満**）
- **長時間労働/重労働を続けている**
- **細菌性膣症**（**膣内に有害な細菌が増えてしまうもの**）
- **多胎妊娠**（**双子や三つ子**）
- **子宮頸部円錐切除術**（**子宮頸がんの前がん病変などへの治療**）**の経験**

これらのリスク因子を妊娠判明時または妊娠中にひとつでも減らしておくことは大切です。例えば、妊娠中にセックスをする際は**毎回コンドームを使用する**、**喫煙は早期にやめる**、**痩せ体型の場合には適切な体重増加を保つ**、などですね。

なお、日常生活の範囲内での運動や移動が切迫早産を引き起こすことはないと考えられていますが、身体に負担のかかりやすい勤務形態は要注意です。

次に、切迫早産の代表的な症状は以下の通りです。早期発見のサインになるので大切です。

切迫早産の代表的な症状

1. **下腹部の頻繁な張り感（子宮が硬くなる感覚）**
2. **下腹部痛（特に数分おきで周期的なもの）**

このような症状を感じたら、まずは安静にして症状が落ち着くかを確認しましょう。安静にすることで軽い下腹部の張り感や痛みが消えてくるようなら、病院を受診せずそのまま様子を見ていても多くの場合は問題ありません。

一方で、なるべく早く病院を受診したほうがいいケースもあります。

なるべく早く病院を受診したほうがいい症状

1. **安静にしていても動きにくいほどの下腹部痛が続く**
2. **赤い性器出血が少量であっても続いている**
3. **破水したように透明な水分が流れ出てきた**

このような場合は、急いでかかりつけの産婦人科へ連絡しましょう。

妊娠中期以降は、病的ではないお腹の張りが多くの妊婦さんに出てきます。前述の目安やかかりつけ医からの助言を参考にしながら、経過や体調に問題ないのであれば、ずっと安静を保つより、**無理のない範囲で運動を続けるほうが健康上のメリットは大きくなります**。適切な知識を持って、健康的な妊娠生活を目指しましょう。

妊娠後期

バースプランを考えてみよう

バースプランとは、**出産に関する希望や要望を事前にまとめた計画（プラン）**のことです。妊娠中から出産に向けて、自分たちの考えや希望を医療スタッフと共有することで、スムーズで安心な出産を迎えることに役立ちます。

バースプランには次のような項目があります。

- **分娩の場所**（病院や助産院：妊娠後期ではほぼ決まっているはずです）
- **陣痛の緩和方法**（無痛分娩の希望など）
- **出産時の立ち会い**（パートナーや家族の立ち会いの有無）
- **分娩体勢**（フリースタイル*などの希望）
- **新生児への関わり**（授乳やスキンシップのタイミングなど）

これらの項目は、妊娠中期から後期にかけて医療スタッフと相談しながら決めていくとよいでしょう。事前に計画を立てておくことで、分娩時の不安を軽減し、自分たちのイメージに近い出産を迎えやすくなります。

なお、**分娩先の医療機関によってできること、できないことがあります**ので、気になる点は医療スタッフに早めに相談してみるほうがいいでしょう。

ただし、**実際の出産はどうなるかそのときになってみるまでわからない**もの。あまり理想を強く決めすぎていると、予定通りにいかない場合にストレスや怒り、悲しさを感じてしまうことがあります。出産は個々の状況によって変わるため、柔軟に状況を受け止めつつ、医療スタッフと協力してもっともよいと考え

＊フリースタイル（出産）
妊婦さん自身が陣痛開始後に安楽だと感じる体位や動作を自由に取り入れて行う出産のこと。立った姿勢や四つん這いの姿勢、横向きの姿勢、座った姿勢などさまざま。原則、医学的リスクの低い妊婦さんに限られます。

られる選択をすることも大切です。

また、**パートナーがいる場合には、ぜひバースプランを一緒に考えてもらいましょう**。パートナーが出産に関する情報をしっかり共有することで、２人でサポートし合い、安心して出産に臨むことができやすくなります。一緒に相談しながら、お互いの意見を尊重し、最適なバースプランを立ててみましょう。


最後に、ひとつ大事な点として「**医学的な知見をぜひバースプランの参考にしていただきたい**」ということをお伝えしておきます。

例えば、「会陰切開は絶対にしてほしくない」とバースプランに書かれる方がいます。産婦人科医は、不要な会陰切開をすることはなく、**医学的に切開をするほうがその妊婦さんや赤ちゃんのためになると判断した場合**に切開をします。これを受け入れていただけないと、例えば出口の部分で赤ちゃんがなかなか出て来られずに苦しくなって新生児蘇生*が必要になってしまうこともあります。

ご自身の気持ちは大事にしつつ、ぜひ信頼できる産婦人科医や助産師と相談しながらプランニングを進めてください。専門家の経験や知識も参考にすることで、ご自身や赤ちゃんにとって最適なバースプランを作成しやすくなるでしょう。

***新生児蘇生**
出産直後に赤ちゃんがうまく呼吸できていない場合に行われる処置で、刺激を加える、呼吸補助、心臓マッサージなどが含まれます。おおよそ10人の赤ちゃんのうち1人が、正常に呼吸を開始するための何らかの処置を必要とします。

妊娠後期

この時期には胎動が感じられないもの？

妊娠後期になると、胎児が大きくなり、予定日が近づくと骨盤内に少しずつ入っていくため、**胎動をやや感じにくくなることがあります**。しかし、**胎動がまったくなくなることはありません**。

妊娠後期に胎動が感じられないという状況では、いくつかの原因が考えられます。ただし、必ずしも問題があるとは限らず、個人差や特定の状況によって「胎動の感じ方」が変わることもあります。「胎動が感じられなくても胎児に異常はない状況」には次のようなものが挙げられます。

・**胎児の位置や姿勢**

胎児の位置や姿勢によっては、胎動を感じにくいことがあります。例えば、**胎盤が子宮の前壁（お腹側）にある**場合や、**胎児が後ろ向きになっている**場合などです。

・**疲労やストレス**

妊婦さんが**疲れていたり、ストレスを抱えていたりすると、胎動に対する感度が鈍くなる**ことがあります。疲労やストレスを感じているなと思ったら、リラックスできるよう環境を整えたり横になって休んでみて、胎動が感じられるか確認してみましょう。

・**胎児の活動・睡眠リズム**

胎児にも活動や睡眠にリズムがあります。**休んでいるときや寝ているときには胎動が一時的に感じられない場合もあります**。20～30分ほど時間をおいて胎動の様子を見てみましょう。

一方で、胎動がまったく感じられない場合や、胎動が急に減ったり止まったりしたと感じた場合は、**「胎児が急に苦しくなっている」ことも稀ながらあります**ので注意が必要です。

そういった場合には**躊躇せずにかかりつけの産婦人科へすぐ相談してください**。超音波検査や胎児心拍モニターで胎児の元気さを確認することができます。

胎動が感じられなくても必ずしも胎児に問題があるとは限りませんが、かかりつけ医療機関としっかり連絡を取り合っていくことが大切です。

Q お腹の赤ちゃんが長い時間しゃっくりをしているのですが問題ありませんか？

A 長時間のしゃっくりや激しい胎動が心配になってしまうという声をよく聞きます。ただ、これまでの研究結果からは、しゃっくりのような動きや激しい胎動が赤ちゃんの苦しさや異常のサインだということはない、と考えられているため、心配はいりません。呼吸や運動の練習をしてるのかな、と優しく見守ってあげて。

Q 家でも赤ちゃんの心音が聴ける機器を買ったほうが安心でしょうか？

A 最近では心音を聴ける製品が販売され、活用している妊婦さんも少なくないようです。ご家族などで楽しむ分にはまったく問題ないですが、使う時期や使い方によっては心音がうまく聴き取れないこともあります。聴こえないことが不安でノイローゼ気味になってしまった人もいました。胎児心拍の確認や心配の解消を目的に使うことはお勧めできませんので、購入前によく検討してみてくださいね。

妊娠前
妊娠初期
妊娠中期
妊娠後期
出産
産後
婦人科一般

妊娠後期

妊娠中〜産後の腰痛対策

妊娠中の腰痛は、多くの人が経験する辛い症状のひとつです。腰痛の原因は、**妊娠による生理的な変化**や**不自然な姿勢**がもっとも一般的ですが、妊娠経過や泌尿器的疾患が原因となることもあります[30]。

妊娠後期になると、体型・姿勢・動作の変化などの生理的変化によって、**腰椎**（腰のあたりにある背骨）や**仙腸関節**（腰からお尻あたりの関節）に物理的な負担が大きくなります。そして、次のような理由で腰痛が生じてしまいます。

・**骨盤の関節や靭帯が緩んで不安定になる**
妊娠すると体内で増加するホルモンの影響で、骨盤の関節や骨盤を支えている靭帯などが緩みます。

・**仙腸関節に負荷がかかる**
骨盤の関節・靭帯の緩みや、大きくなった子宮からの圧迫によって仙腸関節に負担がかかります。

・**腰から背中にかけての筋肉・筋膜に負担がかかる**
子宮が大きくなることで筋肉やそれを包む膜（筋膜）が引き伸ばされ、体幹を支える力が低下したり、体全体のバランスをとるために背骨を反らせる姿勢になりやすいです。

妊娠中から産後にかけての腰痛対策には、いくつかの方法があります。

・**鎮痛剤**
妊娠中はカロナールなどのアセトアミノフェン製剤

の使用が好ましいです。湿布も成分によっては使用可能です。鎮痛剤の種類によっては赤ちゃんへの悪影響の心配が大きいため、主治医に相談しましょう。

・適度な運動[31]

妊娠中でも適度な運動は重要です。**ウォーキング**や**プールでの運動**、**妊婦さん向けのヨガやストレッチ**などがおすすめです。運動は筋力を維持し、筋肉のバランスを整えることで腰痛を軽減します。また、運動によって血行が促進され、疲労回復にも役立ちます。

・姿勢の改善

妊娠中は悪い姿勢になりがちです。立つときや座るとき、歩くときなど、日常生活で意識して背筋を伸ばし、**正しい姿勢を保つ**ことが腰痛予防につながります。

・骨盤ベルトの利用

骨盤ベルトは、腹部や骨盤をサポートし、腰への負担を軽減します。適切に装着することが大事なので、健診の際に助産師さんなどへ相談してみましょう。

・マッサージや温熱療法

これらは、筋肉の緊張をほぐし、血行を促進することで腰痛を緩和します。温かいお風呂に浸かる、パートナーに軽いマッサージをしてもらうなど、無理のない範囲で試してみてください。

・適切な体重管理

妊娠中は**体重が増えることで腰への負担が増します**。適切な体重管理（p60参照）を心がけることで、腰痛のリスクを減らせます。

なお、中には合併症などが隠れていて腰痛の症状が出てくるケースもあります。**定期的に繰り返す腰痛**や**時間ごとに増大する腰痛**がある場合は、胎盤の異常や切迫早産のサインであることがあり、注意が必要です。また、腰の後ろ側の左右にある尿管に炎症や結石ができると痛みが出てきますので、**左右に偏った腰痛があるときや強い痛みがあるとき**は我慢しすぎずに受診するようにしましょう。

Column 4

SRHR、包括的性教育とは

日本は医療や公衆衛生の質が総合的に高く、妊娠・出産においても世界に誇れるレベルです。一方で、産婦人科医の目線から「女性の健康や性の安全」という観点で考えてみると、他国に比べ大きな課題が存在していることも事実。例えば、確実性の高い避妊法（経口避妊薬や子宮内避妊具など）が普及していない、緊急避妊へのアクセスに不便さが多く費用も高い、多くの先進国で60%以上の接種率であるヒトパピローマウイルス(HPV)ワクチンの若年者の接種率がまだまだ低い（10%台）、思春期のうちからかかりつけの産婦人科医を持つ人が少なく「若いうちから女性としての健康を自身で管理する」という意識が社会全体として薄い傾向にあること、などが挙げられるでしょう。

これらの課題に深く関係する重要な概念として「セクシュアル・リプロダクティブ・ヘルス・ライツ（SRHR）」というものがあります。日本語では「性と生殖に関する健康と権利」と訳されるもので、性別にかかわらず、性や妊娠・出産に関することの健康と権利を守ろうという考えの根本になるものです。しかし、日本ではSRHRが十分に認知・守られているとは言い難いのが現実。このSRHRをより広めるために重要となるのが「包括的性教育」です。

日本で多くの人が思っている「性教育」は、「性に関する知識やスキル」として、妊娠・出産の仕組みや避妊、性感染症予防を教える（学ぶ）ことかもしれませんが、「包括的性教育」は国際的に広く認知・推進されている「性に関する知識やスキルだけでなく、人権やジェンダー観、多様性、幸福を学ぶ」ための包括的な概念で、表のような内容を含みます。

	コンセプト	主なトピック
1	人間関係	家族、友情・愛情・恋愛、寛容・包摂・尊重、親子
2	価値観、人権、文化、セクシュアリティ	人それぞれの価値観、人権の大切さ、文化の違い、セクシュアリティ
3	ジェンダーの理解	ジェンダーの規範、平等、固定観念
4	暴力と安全確保	暴力、同意・プライバシー、情報通信技術の使い方
5	健康と幸福(well-being)のためのスキル	性的行動における規範、意思決定、拒絶・交渉、メディアリテラシー、援助・支援
6	人間の身体と発達	性と生殖の解剖学・生理学、思春期、ボディイメージ
7	セクシュアリティと性的な行動	セックス、セクシュアリティ、生涯にわたる性、性的行動・反応
8	性と生殖に関する健康	避妊・妊娠、性感染症

日本社会に包括的性教育を普及・浸透させ、SRHRを充実・向上させていくためには、ジェンダー特有の身体的・精神的・社会的課題を性別にかかわらず適切に理解し、さまざまな人々（子ども、保護者、学校、自治体、医療機関、医療従事者など）が連携して多方面からアプローチする必要があるでしょう。新しいテクノロジーを上手に活用しながら、筆者自身も包括的性教育の取り組みを続けていきます。

参考文献：United Nations Educational, Scientific and Cultural Organization (UNESCO). International technical guidance on sexuality education.

第4章

いよいよ出産！

いろいろなお産のスタイル

いよいよ出産！

お産の進み方

出産は想定通りにいかないことも多いですが、事前知識やシミュレーションは慌てず判断・行動するためにとても大切です。

	お産のきざし	分娩第1期 潜伏期	分娩第1期 活動期
妊婦さん	不規則な痛み おしるしがあることも ＊陣痛の前に破水が起こった場合はすぐ病院へ連絡	陣痛が約10分おきに ・食べられる場合は腹ごしらえをする	陣痛が約5~7分おきに → 陣痛が約2~5分おきに ・呼吸法やテニスボールなどで痛み・肛門への圧迫感をのがす
かかる時間の目安・痛み・子宮口の開き	・軽い痛み	約6~10時間 ・強めの生理痛のような痛み 子宮口1~2cm	約3~4時間 ・痛みがお腹から骨盤へ移動 子宮口3cm ・痛みが激しくなる 子宮口9cm
赤ちゃん	少しずつ下がり始める	産道を下りて骨盤内へ	第1回旋 ・あごを引き、頭を骨盤の入り口にはめる → 第2回旋 お母さんの背中側を向く 約90度回旋
一般的な処置		・内診（子宮口の開き具合・赤ちゃんの下り具合などをチェック） ・血圧測定 ・分娩監視装置で胎児の心拍や子宮収縮をチェック ・点滴や輸血に備えて血管確保 ※医療機関によってはもっと遅く行うことも	・内診（子宮口の開き具合・赤ちゃんの下がり具合などをチェック）

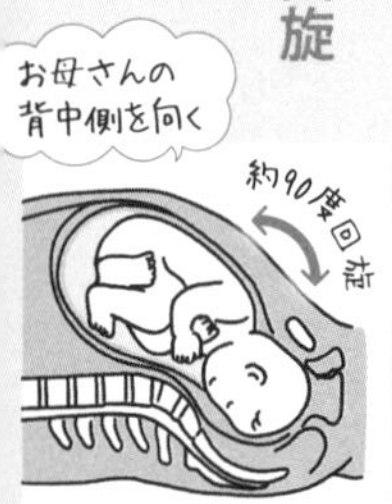

処置・経過観察	分娩第3期	分娩第2期
会陰や傷の縫合を受ける 2時間ほど安静にする	後陣痛により胎盤が外へ	陣痛が約1～2分おきに ・いきみたくなるがこらえる ・破水が起こる（適時破水） いきむ（GOの合図！） ・陣痛の波がき始めたら深呼吸をする ・お尻は分娩台につけ、おへそを覗き込むようにしながら力を入れる 赤ちゃん誕生！
（縫合）30分以内 （経過観察）約2時間	30分以内	約1～2時間 ・痛みのピーク 子宮口10cm（全開大）
		第3・4回旋 → 娩出
	・子宮収縮薬の投与	・分娩室へ（LDR［陣痛・分娩・回復室］ならそのまま） ・分娩進行が思わしくない場合は急速遂娩（吸引分娩、鉗子分娩、帝王切開）を行うことも ・必要に応じて導尿、会陰切開を行う

頭を出し、元の向きに戻る
からだ全部が出た！

いよいよ出産！

陣痛と「おしるし」の真実

出産間近の妊婦さんにとって、**陣痛**と**おしるし**（**産徴**）はとても重要なサインです。ここでは、陣痛とおしるしについて、よくある誤解と真実（正しい情報）をお伝えします。

● 陣痛

陣痛は、出産が近づくと起こる**子宮の強い収縮**です。最初は軽い痛みや違和感から始まり、徐々に痛みが強くなり、間隔も短くなっていきます。陣痛には、次の2種類があります。

・前駆陣痛

本格的な陣痛の前に起こる不規則な子宮の収縮です。痛みは軽いもので、一定のリズムがなく、時間とともに痛みが強くなることはありません。まだ産婦人科へ連絡する必要はありません。

・本陣痛

10分以内に規則的に繰り返す子宮収縮で、かなりの痛みを伴います。本陣痛の開始が「出産の開始」となります。

【よくある誤解と真実】

×前駆陣痛は無視しても大丈夫

前駆陣痛が来てもすぐに分娩先へ連絡する必要はないですが、そのまま本陣痛へ移行することがあります。まだ大丈夫だと考えて遠出をしたり無理をしたりすることはせず、きちんと様子を見ていきましょう。

×陣痛はほとんどの人が予定日に来る

陣痛は予定日ちょうどに来るわけではなく、実際に**予定日ちょうどに出産した女性は全体の数%**に過ぎません。日本の過去のデータでは、妊娠37週以降での出産のうち、妊娠37～38週台での出産が43%、妊娠39～40週台が49%、41週以降が8%程度で、かなりばらついています。[32]

● おしるし（産徴）

「おしるし」は**出血混じりの粘稠なおりもの**のことで、子宮頸部が徐々に押し広げられているサインです。子宮収縮によって胎児が少しずつ下がってくると、子宮頸部の内側が広がり、微小な血管から微量の出血が生じ、おしるしとして出てきます。

【よくある誤解と真実】

×おしるしが出ないと出産が始まらない

おしるしは出産に伴う兆候のひとつですが、必ずしも本陣痛が始まる前に出てくるわけではないですし、おしるしが出てきてもしばらく本陣痛が来ないこともあります。**おしるしと本陣痛開始はあまり関係ない**、と思っておきましょう。

×妊婦健診での「ぐりぐり」で確実に陣痛とおしるしが始まる

予定日が近づいてもなかなか陣痛もおしるしも認められない場合に、妊婦健診で**子宮口を「ぐりぐり」と診察（卵膜を少し剥離させる）**されることがあります。これは人工的におしるしを起こさせて陣痛を始まりやすくさせることを期待して実施されますが、確実な効果があるわけではありません。また、実施するかどうかは担当医師の判断によります。

最後に注意点をひとつ。陣痛とは異なり、「**持続的で強い痛み**」や「**多量の性器出血**」は危険なサインです。もっとも怖いのは胎盤早期剥離といって、胎盤が先に子宮内で剥がれてしまう状態。これは母子ともに命の危険を伴うほどの救急疾患なので、こうした症状があればすぐに分娩先へ連絡しましょう。

いよいよ出産！

分娩誘発剤は出産時の強い味方

分娩誘発剤という薬について、耳にしたことのある方もいらっしゃると思います。**陣痛促進剤**とも呼ばれ、「**人工的に陣痛を起こす、または陣痛を強める**」ために使われる薬剤です。

分娩誘発剤が必要な状況はさまざまで、使用される場合には必ず医学的理由があります。「なるべく自然なお産をしたい」と思っている人も多いかと思いますが、医療スタッフは「**まず妊婦さんと赤ちゃんの命・健康が最優先で、それに問題がなければ自然・楽なお産を叶えてあげたい**」と考えています。

ここでは、分娩誘発剤の基本的な説明と、よくある不安・誤解に回答します。

妊娠中に特に困った症状やトラブルがなくても、分娩誘発剤が必要になることがあります。それは**予定日を過ぎても陣痛が来ない**ときです。

一般的に、妊娠42週以降は胎盤の機能が落ち始め、胎児が苦しくなるリスクが高まりますので、可能な限り妊娠41週6日までに出産できるよう方針が検討されます。そのため、**妊娠41週台半ばになると、自然に陣痛を待ち続けるより、薬の助けを借りて分娩誘発するほうが、医学的に安全性が高い**と考えられています[33]。

ほかに、胎児の推定体重が大きすぎる場合や、妊婦さんの体調が優れない場合に、予定日まで待たずに分娩誘発剤を使って出産を早めることもあります。総合的な判断によるものなので、主治医の説明をしっかり聞いておきましょう。

また、分娩誘発剤を陣痛促進として使うこともあります。これは、陣痛が来ているけれど分娩の進行が遅い、または陣痛が弱くなってしまい分娩進行が期待できない場合などが該当します。

【よくある誤解と真実】

×分娩誘発剤は胎児に悪影響がある

分娩誘発剤は医療現場で長年使用されており、これまでのデータでは、適切に使用する限り**胎児への悪影響はない**と考えられています。必ず医師からの説明がありますので、しっかり理解・把握した上で分娩誘発に臨みましょう。

×分娩誘発剤を使うと陣痛が強すぎて耐えられなくなる

分娩誘発剤は人工的に陣痛を誘発するものですが、はじめはかなり少量から使い始めます。徐々に増やしていきますが、医療スタッフが適切に**投与量を調整し、陣痛が強くなりすぎないようにします**。痛みが強すぎたり体調がおかしいと感じる場合には、すぐにスタッフへ報告してくださいね。

×分娩誘発剤を使うのは妊婦・母親として失格な気がする

分娩誘発剤を使用しても、あくまで**陣痛がきた後は通常通りの分娩進行**となります。つまり、妊婦さんは自分の力で赤ちゃんを産むことになりますので、決して「失格・ダメ」と思う必要はありません。**たまたま少し助けが必要だっただけ**と考えましょう。

分娩誘発にはいくつかのステップや薬の種類があります。子宮口がまったく開いていない状態では**まずは子宮口をやわらかくして少し開いてあげる処置**をします（これだけで陣痛がくる場合もあります）。

子宮口がある程度やわらかくなって開いてきたら、いよいよ分娩誘発剤の投与が行われます。これには飲み薬と点滴薬があり、それぞれの妊婦さんの状況に合わせて使い分けられます。

妊娠前 妊娠初期 妊娠中期 妊娠後期 出産 産後 婦人科一般

いよいよ出産！

「無痛分娩」「和痛分娩」という選択肢

「無痛分娩」「和痛分娩」を希望する妊婦さんは近年どんどん増えている印象です。これらに対応できる医療機関は限られていますが、その数も増えてきています（なお「無痛分娩」と「和痛分娩」は、医療機関によって麻酔方法や効きの強さ等で言い分けていることがありますが、ここではまとめて無痛分娩と表します）。

陣痛は、お産が近くなると出現する定期的な痛みで、はじめのうちは軽い生理痛程度ですが、徐々に痛みが強く頻回になるためかなり辛いものとなります。

こうした痛み・不安感を和らげる方法として、170年以上前にアメリカで無痛分娩が始まり、今では多くの国で活用されています。

アメリカ（73％）とフランス（82％）は無痛分娩を受ける妊婦さんが多いことで有名で、これには医療保険適用で妊婦さんの自己負担なく無痛分娩を受けられることも影響しているでしょう。

一方、**日本では6％程度**（2016年）と海外に比べればまだかなり少ないという状況です[34]。現在でも10％には達していないでしょう。また、追加で10〜20万円の自己負担が必要となります。

無痛分娩では、多くの場合に「**硬膜外鎮痛法**」（図**25**）という方法が使われています。背骨の隙間から細い針を刺して、脊髄の近くの**硬膜外腔**という部位に細いチューブを入れ、そこから麻酔薬を注入します。

無痛分娩を開始するタイミングは2種類あり、「**自然に陣痛が始まってから**病院に行き、陣痛が本格化してきた時点から麻酔を開始」か「自然な陣痛が来るのを待たずに**入院時期を決めて行う**（計画分娩）」です。

なお、無痛分娩を取り扱っているか、また計画分娩に対応しているかは、それぞれの医療機関によって異なります。夜間は医療スタッフの人数が減るために無痛分娩をしていないところも多いです。必ず事前に確認しておきましょう。

たまに「痛みに耐えて産んでこそ母親だ」といった古くからの考えや意見を耳にすることがあります。海外ほど無痛分娩が広まっていない現状に、こうした思い込みや地域文化が影響しているとも考えられます。しかし実際は、**分娩時に感じる痛みの強さが赤ちゃんへの愛情の強さに影響することはない**ことが研究で明らかとなっていますし、辛い痛みを我慢すること自体に医学的メリットは特にありません。

無痛分娩の副作用と赤ちゃんへの影響にも触れておきます。比較的起こりやすく軽度な副作用として**血圧低下**や**皮膚のかゆみ**などがあり、稀ながら重度な副作用には重い頭痛や麻酔部位の内出血などがあります[35]。赤ちゃんへの影響は、適切に実施された無痛分娩であれば短期的・長期的な悪影響はないとわかっていますので、ご安心ください[36]。

ご自身（と家族）が選んだ無痛分娩でも、帝王切開が必要となった場合でも、**出産を安全に終えられたことがその妊婦さんにとってのベスト**であり、赤ちゃんへの一番の贈り物だと言えるのではないでしょうか。

図25 硬膜外鎮痛法

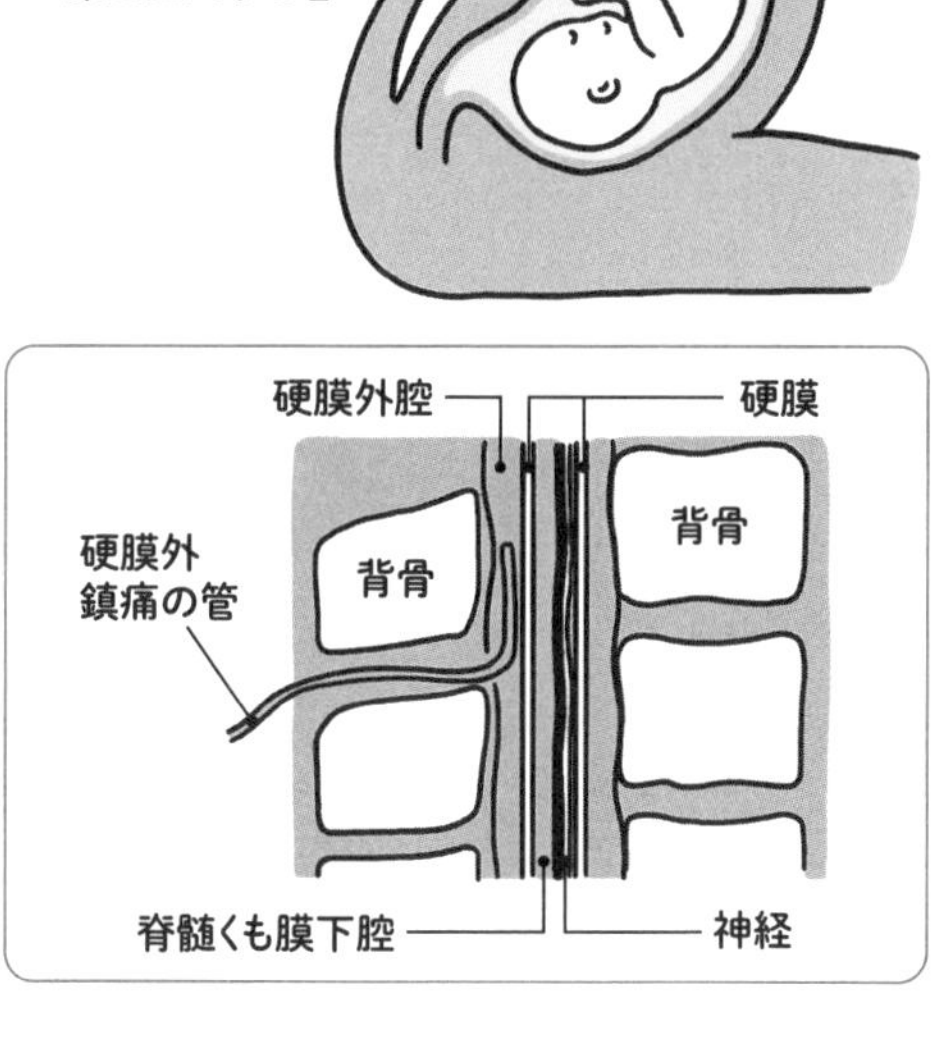

いよいよ出産！

事前に知っておきたい「急速遂娩（すいべん）」が必要なとき

お産は「**予想外のことが誰にでも起きる可能性がある**」もので、どんなに妊娠経過が順調でも、陣痛がきてから順調に進んでいても、産婦人科医は「急なトラブル」に常に備えています。

もし、何らかの理由で「自然な陣痛に任せるのではなく急いで出産を終わらせないと危険だ」と判断された場合、「**急速遂娩**」という手段が取られることがあります。「急速遂娩」には**器械分娩**（吸引分娩、鉗子（かんし）分娩）と**帝王切開**がありますが、ここでは器械分娩（吸引分娩、鉗子分娩）について説明します。

器械分娩は、分娩進行が思わしくないときや、妊婦・胎児のどちらかまたは両方に何らかの危険が生じているときに、**医師が介入して出産をサポートし早める**ものです。原則として、子宮口が全開し、赤ちゃんの頭が腟の奥に触れる状況でないと実施できません。

●器械分娩が実施されるケースの例

- 妊婦の疲労が著しく、自力での出産が困難だと考えられる場合
- 陣痛が弱く、出産がこれ以上は進まないと予想される場合
- 妊婦の血圧が非常に高くなってしまったなど、危険が及んでいる場合
- 胎児の心拍数が不安定で、早急な分娩が必要な場合

〈MEMO〉吸引分娩の赤ちゃんへの影響
吸引の圧力によって赤ちゃんの頭が縦に伸びた形になりますが、数日で自然に元通りとなります。ごく稀に頭の皮膚の下に内出血してしまうことがあります。

● 器械分娩の概要

【吸引分娩】

概要：吸引カップと呼ばれるお椀型の器具を腟の奥にある赤ちゃんの頭に取り付け、**真空ポンプでカップ内の空気を抜くことで密着させて赤ちゃんの頭を引っ張り、外に出るサポートをする**方法（図26）です。

処置の流れ：（多くの場合では）局所麻酔した上で会陰切開を加え、吸引カップを赤ちゃんの頭に密着させて、陣痛と同じタイミングで医師がカップを引っ張り、赤ちゃんをゆっくりと外に娩出します。

【鉗子分娩】

概要：鉗子と呼ばれる**大きなスプーンのような金属製の器具で赤ちゃんの頭を優しくつかみ、引っ張ることで娩出を助ける**方法（図27）です。

処置の流れ：（多くの場合では）局所麻酔した上で会陰切開を加え、鉗子を赤ちゃんの頭をつかむように固定させ、陣痛と同じタイミングで医師が鉗子を引き、赤ちゃんをゆっくりと外に娩出します。

図26 吸引分娩

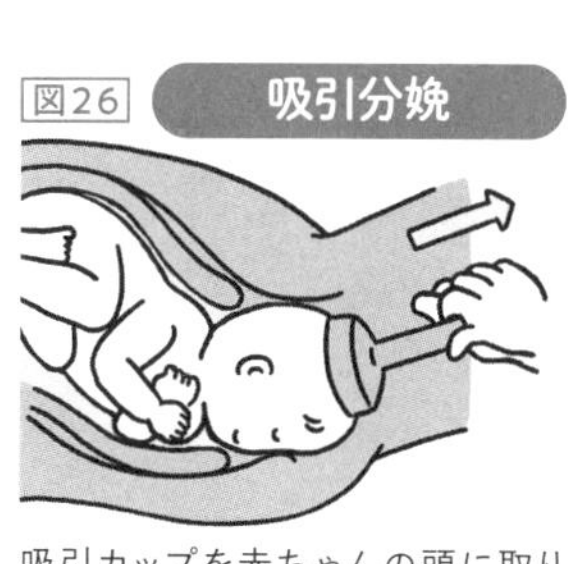

吸引カップを赤ちゃんの頭に取り付け、引っ張る

図27 鉗子分娩

鉗子で赤ちゃんの頭を優しくつかみ、引っ張る

吸引・鉗子分娩ともに、**適切に行えば危険な手技ではありません**。ただし、産道の傷が大きくなりやすいという特徴があります。

お産中に処置が必要となると不安になるのは当然です。ただ、**赤ちゃんや妊婦さんの命や健康を守るためにのみ急速遂娩は実施されます**。

事前にこうした情報を頭に入れておき、いざ必要になった際に医師からの説明をスムーズに理解できるよう準備しておくことも大切なのです。

〈MEMO〉鉗子分娩の赤ちゃんへの影響

顔に鉗子で挟まれた薄い痕がつくことがありますが、数日で自然に消えます。鉗子を付ける際に赤ちゃんの頭の向きが斜めになっていると眼を挟んでしまうことが稀にありますが、その後の視力には影響がないことがほとんどです。

いよいよ出産！

お医者さん（産婦人科医）と助産師さんの役割

妊婦健診を受ける中で、**産婦人科医と助産師の役割ってどう違うのか、はっきりわからない**と感じる人が多いように思っています。これは、次のようなことも影響しているでしょう。

- **健診の担当者が医師だったり助産師だったり看護師だったりする**
- **お産に産婦人科医が必ず立ち会うかどうか、医療機関によって異なる**
- **正常分娩なら助産師だけで完結するイメージがある**
- **相談するときに、産婦人科医と助産師のどちらがよいのかわからない**

ここでは、普段なかなかわかりづらい「産婦人科医」と「助産師」の違いについてわかりやすくお伝えします。

● 産婦人科医とは

産婦人科医は、医師の中でも、**「妊娠・出産」、「婦人科疾患（子宮や卵巣に関する病気）」、「不妊治療」、「女性のヘルスケア（更年期障害など）」などを扱う専門家**です。

妊婦健診や出産、帝王切開でかかわる医師は（離島など特殊な状況を除き）すべて産婦人科医ですが、「妊娠・出産」だけでなく、その他の婦人科手術やがん、更年期障害などを広く扱う職業です。

「妊娠・出産」に関わる仕事だけでも、「妊婦健診（外来）」、「（羊水検査など）特殊検査」、「経腟分娩」、「帝王切開」、「産後健診」、「入院患者さん（切迫早産など）の管理」など、数多くあります。

主な役目は「診断」「治療」であり、何か問題があるかどうかを見極め、適切な治療をすることが産婦人科医に求められます。

● 助産師とは

助産師は、**妊産婦と新生児に関して幅広い知識を持ち、妊娠中から産後までケアを提供できる専門職**です。助産師になるには看護師免許を取得してからさらに**1～2年間、助産師教育機関で学び、助産師国家試験に合格する**必要があります。

妊婦健診で主に対応しているスタッフが助産師であることは多く、看護師だと思っていたら実は助産師だった、ということもあるでしょう。いざ出産のため入院し、いよいよ分娩だという場面で**お産の介助をしてくれるのは、助産師に限られます**。

また、産後の授乳指導や健診、母乳マッサージ等でも助産師が活躍しています。お住まいの自治体の母子保健分野で働いている職員の中にも助産師がいることは少なくありません。

主な役目は「**妊娠中～産後にかけての適切なケアの提供**」であり、できるだけ健康的で快適な妊娠・出産・産後生活を送るための心強い味方です。

産婦人科医

主な役割は「診断」と「治療」

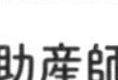

助産師

主な役割は「妊産婦への適切なケアの提供」

いよいよ出産！

上手ないきみ方、教えます！

陣痛が始まり、子宮口が全開すると、いよいよラストスパートに入ります。

ここからは、これまでどうにかこうにか逃していた「いきみ」を、逆に上手に活用することが大事になります。**いきみが上手くできれば、スムーズにお産が進みやすくなりますし、会陰のキズ**（**会陰裂傷**）**もできにくくなります**。

逆に、うまくできないと余計に時間がかかってしまったり、赤ちゃんが苦しくなってしまったり、会陰のキズが大きくなるなど身体への負担が増してしまいます。

「いきみ」とは、陣痛と一緒に行う呼吸法や力の入れ方・抜き方のことです。上手ないきみ方をひと言で表すと「**陣痛のタイミングにうまく合わせて力を入れて、タイミングよく力を抜く**」ことです。力を入れるだけでなく、うまく抜くこともポイントです。

上手ないきみの実際の流れは次のようになります。

①陣痛の波が来たときに、**深呼吸**をしっかりしてからいきむ。

②お腹の底から力を入れ、**下腹部を押し出すように**力を入れる。

③いきみながらも、リラックスすることを少し意識して**顔や肩に力を入れすぎない**。

④力の入れ方をコントロールし、医師や助産師の**アドバイスをしっかり聞く**（パニックにならない）。

これを実践するための5つのコツをお伝えします。

図28 いきみの流れ

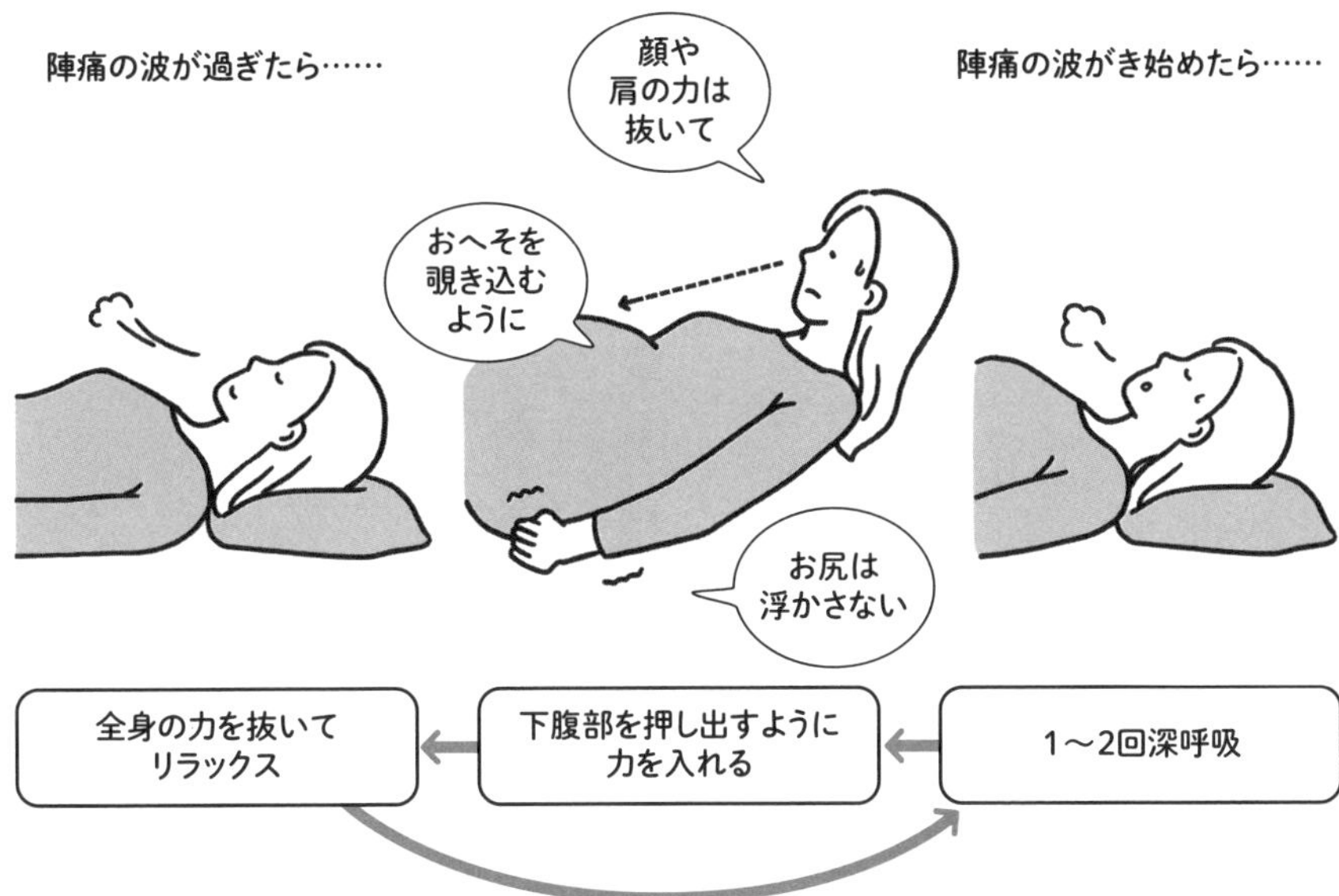
陣痛の波が過ぎたら……
顔や肩の力は抜いて
陣痛の波がき始めたら……
おへそを覗き込むように
お尻は浮かさない
全身の力を抜いてリラックス
下腹部を押し出すように力を入れる
1～2回深呼吸

1 妊娠中からいきむ際の**深呼吸を練習**しておき、パニックにならないような工夫（好きな音楽をかける、パートナーにしてもらう声かけなど）を考えておきましょう。

2 具体的ないきみ方や不明点を、健診の際に助産師へ聞いてみましょう。

3 **お尻は分娩台にしっかり付けて**（浮かせない）、**いきむ際には目をしっかり開けて自分のおへそを覗き込むように**しましょう。

4 陣痛が強くなり始めたら**まず1～2回深呼吸**し、**いきむ際は口から息や声を漏らさない**ようにしましょう。

5 **陣痛の波が過ぎたら、だらんと全身を分娩台に付けてリラックス**しましょう。医師や助産師のアドバイスにも耳をかたむけて。

上手ないきみを身につけることで、**出産がよりスムーズに進み、赤ちゃんも苦しくなりにくくなります**。妊娠中から少しずつ準備していきましょう。

いよいよ出産！

出産立ち会いのコツとは
～男性パートナーへ～

最近では、立ち会い出産を希望するカップルが増えているように感じます。私が前に勤めていた病院では、**想定外の急な出産でなければ、経腟分娩のうち8～9割のカップルが実際に立ち会い出産に臨んでいました。**

産婦人科医として正直に言えば「**立ち会い出産するかしないかは2人で決めてOK**」と思っています。立ち会い出産しないと産まれた子どもに愛情を持てないということもないですし、立ち会い出産したカップルがみんな幸せいっぱいかというとそうでもないのが現実です。

また、生理的に血が苦手だ、どうしても前向きになれない、という男性もいて、**立ち会いを強要することは当然できません。**

しかし、立ち会いを希望する男性にはあらかじめ知っておいてほしい／知っておいたほうがよいことがいくつかありますので、ここでお伝えします。

1 知識

出産に関する基本的な知識・情報を事前に身につけておくことは重要です。**陣痛開始後の流れ**や**いきみのタイミング**、**帝王切開の概要**などを把握しておくと、パートナーへ適切なサポートができるようになります。

2 サポート

出産時のサポートとして、それぞれに合った**励ましやリラックス方法**、**されて嫌なこと**を共有しておきましょう。マッサージや呼吸法を一緒に練習したり、リラックスできる音楽を用意したりすることができます。されて嫌なこともありますので、事前に確認しておきましょう。

3 心理面

出産は心身ともに大きな負担がかかるため、パートナーの心理面への配慮も大切です。**不安や恐怖などのさまざまな感情に寄り添い**、一緒に大変な時間を乗り越えていきましょう。

4 緊急時の対応

緊急時に慌てず対応するためには、**急速遂娩**や**帝王切開の理由や流れ**、**新生児蘇生**について事前に把握しておくことが大切です。立ち会い出産中であればその場で一緒に医師からの説明を聞けますし、同意書にサインをするなどの手続きをすべてすることが可能です。慌てず、不安を抱えているパートナーを支えてあげましょう。

立ち会い時には、女性パートナーのいろいろな「顔」を見ることになるかもしれません。そうした「顔」を笑ったり、茶化したりするようなことは決してしないようにしましょう。産後何年経っても、そうしたことで受けたショックは覚えているものです。

出産しても家族としての時間は長く続いていきますので、ぜひ心情への配慮を忘れず、出産立ち会いを素敵な思い出にしてくださいね。

いよいよ出産！

いざというときに役立つ！帝王切開講座

これを読んでいる妊婦さんの中には、予定帝王切開と決まっている人も、帝王切開なんて想像もしていないという人もいるでしょう。

ところが、どんな出産にも「想定外の危険」が起こる可能性があり、その際に**妊婦さんと赤ちゃんを守る最終手段は帝王切開**になります。実際に、2020年のデータでは**全分娩のうち帝王切開が約22%**を占めており、今後もこの割合は増えていく可能性があります[37]。

なので、**すべての妊婦さんとそのご家族には帝王切開のことを知っておいてほしい**と思っています。加えて、次の項では帝王切開に関する「よくある誤解」を紹介します。

まず、帝王切開の一般的な手術の流れをお伝えします。

①**入院および事前検査**：通常、手術前に入院し、必要な検査や説明を受けます。

②**麻酔**：手術室に入室後、一般的に下半身麻酔（脊椎麻酔や硬膜外麻酔。背中から細い針を刺して麻酔薬を部分的に注入します）が用いられます。

③**手術部位の消毒**：手術部位の清潔を保つため、皮膚を消毒し、場合によっては必要な範囲の毛を剃ります。

④**皮膚の切開**：まず腹部の皮膚を横方向（場合によっては縦）に切開し（**図29**）、その後筋肉や膜を開いていって子宮に到達します。

図29 皮膚の切開

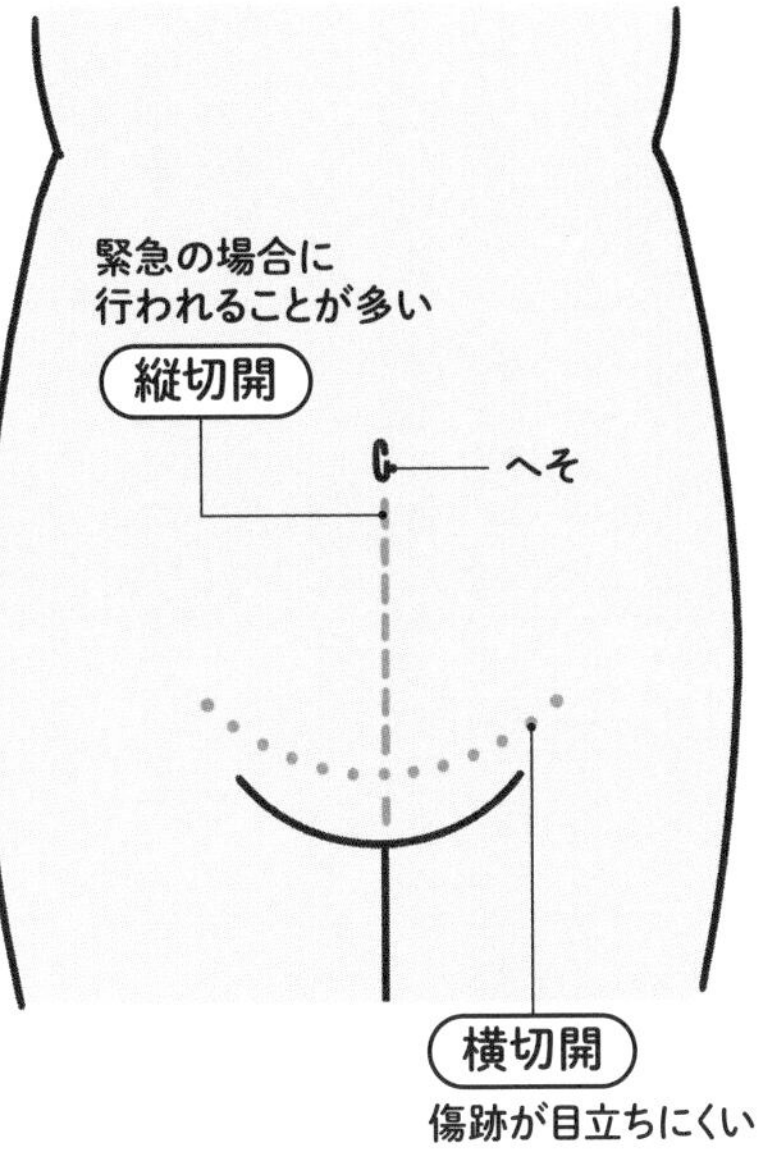

⑤**子宮の切開**：子宮壁を切開（通常は横切開）し、赤ちゃんが出てこられるような出口を作ります。

⑥**赤ちゃんの娩出**：赤ちゃんを子宮から取り出し、へその緒が切られます。赤ちゃんは待機している手術スタッフや助産師に手渡されます。

⑦**胎盤の娩出**：赤ちゃんが取り出された後、胎盤が子宮から取り出されます。

⑧**子宮と腹部の縫合**：出血部位を止血しながら子宮壁を縫合し、その後に筋肉、膜、皮膚を順番に元の状態に戻していきます（施設や医師によって多少の違いがあります）。

⑨**手術の終了**：手術が終了すると、状態に問題ないことを確認後に病室へ戻ります。

⑩**術後観察・リハビリ**：特に手術後24時間は状況に変化がないかをよく観察します。術後、日本では概ね1週間ほど入院することになります。

帝王切開には「**予定**」と「**緊急**」の2種類があります。「予定」は逆子や前回帝王切開など、**あらかじめ手術予定日を決めて陣痛が来る前に手術をするもの**です。

「緊急」は、想定外のトラブルや合併症（血圧の急激な上昇や胎盤が剥がれた、分娩中に胎児心拍が低下して戻らないなど）が起こった際に、**その日に急いで手術をするもの**で、基本的に**手術決定から手術開始まで30～60分ほどのスピード**です。状況によって全身麻酔が使われたり、お腹が縦に切られることが多いなどの特徴があります。

いよいよ出産！

帝王切開のよくある誤解

ここでは帝王切開についてよくある4つの誤解と医学的に正しい回答をお伝えします。

×帝王切開は簡単で痛みのない出産だ

帝王切開は「普通分娩」（経腟分娩のこと）と比較されるため、「麻酔がかかって陣痛はないし、気づけば出産が終わっていて楽なのでは」というイメージを持たれている場合があります。

しかし、これは大きな間違いです。**下半身麻酔で手術中の痛みは感じませんが、お腹の中を触られる感触はわかりますし、術後数時間で麻酔が切れます。**術後数日間はかなり痛みが強く、動くのも辛いでしょう。しっかり痛み止めを使いながら、病院のスタッフに頼ってくださいね。

また、家族は決して「簡単なお産だった」と軽んじることのないよう注意してください。

×帝王切開は母子の絆を弱めてしまう

時々「帝王切開で産むと子どもへの愛情が湧きにくいのでは」という声を耳にすることがあります。主な理由は「自分のお腹を痛めて産んだわけじゃないから」「自分の陣痛の力で産んだわけじゃないから」など。しかし、これはすでに研究で否定されており、日本人の大規模なデータを分析した結果で**「帝王切開かどうかによって子どもへの愛着に差はなかった」と示されています**[38]。

もし友人や親戚にこのようなことを言われたら、しっかりきっぱりと反論してOKです。

× 帝王切開は授乳に悪影響を与える

帝王切開を受けた女性では、術後の痛みが強かったり、何らかの合併症の治療のために授乳がスムーズにいかないことが実際にあります。ただ、**適切なサポートがあれば問題なく授乳できる**ことも事実です。

助産師などのサポートを受けながら、適切な授乳の姿勢やテクニックを学び、試しながら慣れていくことで、しっかり授乳をして赤ちゃんに十分な栄養を与えることができます。また、**帝王切開を受けたからという理由で母乳の分泌量が減るということもありません。**

産後早期からの授乳開始やカンガルーケア（生まれて間もない赤ちゃんを暖かな環境で母の素肌に胸と胸を合わせるように抱かせること）が母乳の分泌を促すため、帝王切開を受けた後でもこうした工夫をしてもらえることが一般的です。不安な場合は、ぜひ担当医や助産師さんへ確認しておきましょう。

× 帝王切開を受けられるのは3回まで？

正しい結論は「**帝王切開の回数に明確な制限はないが、繰り返すほど医学的リスクが高まるため、医療機関によって制限を設けている場合も多い**」です。

これまでの研究によって、帝王切開を受けた後の妊娠では

- **子宮破裂（前回の子宮のキズの縫合部が裂ける）**
- **前置胎盤（子宮の出口の内側を覆うように胎盤が付着する）**
- **癒着胎盤（胎盤が子宮の壁にくっついていて多量出血の危険性が高い）**

などが起こりやすくなるといわれています。こうしたことを踏まえて、帝王切開は3回までなどの制限を設けていたりするのですが、**個々の状況によっても異なる**ので、担当医にぜひ聞いておきましょう。

Column 5

フェムテックAtoZ

フェムテック（Femtech）という言葉を聞いたことがあるでしょうか。これは「Female」と「Technology」の組み合わせでつくられた造語で、**女性の健康を支える商品やサービス**を指します。なお、厳密には「女性のライフステージごとのさまざまな健康課題を解決する」ことを目的としていますが、最近ではより広めに「日々の生活を便利にする・心地よくなれるもの」を含むことも多いです（こちらはフェムケアと区別されつつあります）。

フェムテックは2013年頃から海外の起業家を発端に盛り上がりを見せ始め、日本でもフェムテック関連の企業が増えています。経済産業省は2021年度から実証事業の補助事業を開始するなど、世界を追いかけながら推進されてきています。

フェムテックは、**月経、妊活・不妊治療、妊娠中〜産後、更年期、セクシュアルウェルネスなどの課題**に焦点を当てているものが多いです*1。具体的なフェムテック・フェムケア製品・サービスの例としては以下のようなものがあります。

（厳密な）フェムテック

- 月経周期や基礎体温を精密に管理するアプリ
- 陣痛や胎児心拍をリモートで計測可能な機器
- 痛くない乳がん検査
- 産婦人科医などへのオンライン診療や医療相談
- 骨盤底筋トレーニングキット（アプリと連動）

フェムケア

- デリケートゾーン専用のソープや保湿剤
- 吸水ショーツ
- 女性用セルフプレジャーグッズ

こうしたフェムテックの普及を通じて、健康課題の解決が進むだけでなく、女性特有の健康課題が公に話しやすくなってタブー視されることが少なくなったり、この分野の研究開発がより促進したりといったメリットが期待されています。

一方で、注意点もあります。それは、**安全性が担保されないサービスやプロダクトが流通することで思わぬ健康被害やトラブルが多発してしまう危険があること**です。また、フェムテック・フェムケア製品やサービスを過信してしまって適切な産婦人科受診の機会を逃してしまうと、疾患の悪化につながりかねません。

活用する際には信頼できそうな会社やメーカーか、安全性は示されているか、本当に改善効果が期待できるのか、などをぜひチェックしてみてくださいね。

*1 令和2年度産業経済研究委託事業　働き方、暮らし方の変化のあり方が将来の日本経済に与える効果と課題に関する調査 報告書（概要版）▶ https://www.meti.go.jp/policy/economy/jinzai/R2fy_femtech.pdf

第5章

産後のママのからだの回復

心身ともに訪れる大きな変化

産後のからだの回復

分娩後のからだの状態について

赤ちゃんが無事に娩出されると、「出産は終わりだー!!」と思うかもしれません。ただ、実際にはまだ大切なことが残っています。

それは「**胎盤の娩出**」、「**縫合処置**」、「**異常がないかどうかの確認**」です。

満身創痍の状態だったり、無痛分娩のためケロッとしていたりと人によって状況はさまざまですが、事前に頭の中に入れておきましょう。

1 胎盤の娩出

赤ちゃんが娩出されると、そこから「分娩第3期」に入ります。**引き続き陣痛のように子宮が収縮することで少しずつ胎盤が子宮壁から剥がれていき、概ね30分以内に排出されます**。

剥がれにくい場合には、医師が肘くらいまで腕を子宮内に入れて胎盤をゆっくり剥がすこともあります（膣や子宮の入り口が十分広がっているのでほとんど痛みはないようです）。胎盤が無事に出れば、この時点で晴れて出産完了です。

2 縫合処置

次に、膣や会陰に自然にできたキズ（裂傷）や会陰切開でできたキズがあれば、医師が縫合します。

通常、局所麻酔を使い、小さめなキズであれば30分以内に終わります。会陰表面を何針縫ったのかとよく聞かれますが、**目に見えるのは4～5ヶ所の縫合が一般的でしょう**（図30）。ただ、表面に糸がほとんど出な

図30 会陰縫合の種類
（イメージ）

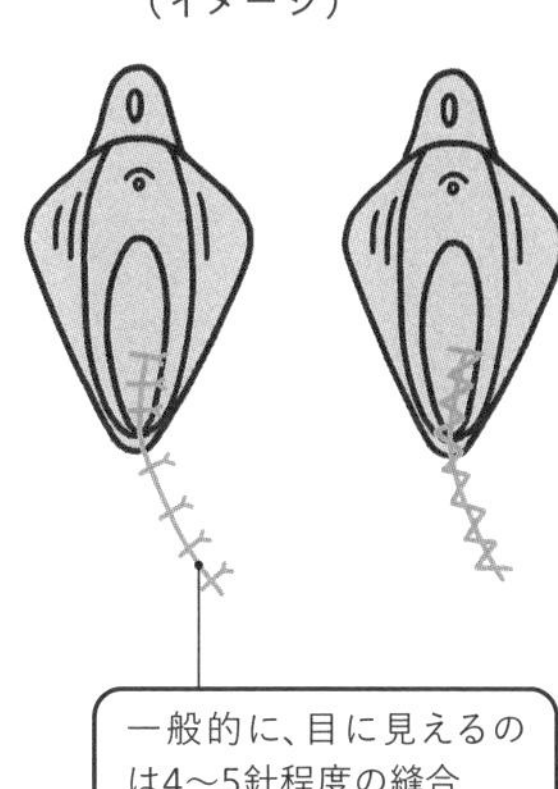

いように縫う方法もあれば、抜糸することを前提として縫う場合もあるので実際にはさまざまです。

最近ではほとんどの場合に**自然に溶ける糸**が使われますので抜糸しなくても大丈夫です。もしキズが非常に深い・大きい場合には適切な処置が必要となるので、医師の説明をよく聞いてくださいね。

3 異常がないかどうかの確認

出産が終わってからも、**しばらくは横になったまま慎重に様子を見る**必要があります。

胎盤が剥がれた部分は細かい血管が切れた状態なので、そのままでは出血が続いてしまいます。子宮が収縮することでこうした血管をギュッと閉めて止血されます（後陣痛（こうじんつう））が、時々この止血がうまくいかず多量出血（弛緩出血）してしまう女性もいます。

だいたい2時間程度は起き上がらずに、血圧や脈拍とあわせて出血量や子宮の収縮を確認します。気分が悪い、キズの痛みが強くなってきたなどの場合には異常が起こっているサインの可能性があるため、早めにスタッフへ相談してくださいね。

Q 抜糸をしたほうが痛みが楽になりますか？

A 最近は数週間で溶ける糸が使われることが増えており、抜糸をしないこともあります。ただ、特に会陰創部は糸が残ることで突っ張りによる痛みが続きやすいため、痛みが強い場合には退院前の診察時に抜糸が可能か医師に確認してみましょう。

産後のからだの回復

お産入院中にやることとやっておきたいこと

日本では、**出産してから4～5日間ほど（帝王切開なら7～8日間ほど）入院します**。心身の回復は最重要ですが、退院するまでの期間に、育児の基本を学んでおくことも大切です。

ここでは退院までに習得しておくべきこと、学んでおくべきこと、注意すべきことをお伝えします。

1 授乳方法の練習

授乳は赤ちゃんにとって大事な栄養です。特に**最初の数日間はできるだけ母乳をあげられると赤ちゃんの免疫力アップにつながります**（免疫因子はその後の母乳にも含まれますが、最初の数日間の母乳にもっとも多く含まれています[39]）。

助産師などに授乳方法を教えてもらい、不明点はなるべく解消しておきましょう。また、**乳房トラブルを避けるための工夫やマッサージ**も習得しておくと役立ちます。

2 おむつの替え方

おむつ替えは赤ちゃんの快適さと衛生面を保つために大切です。**おむつの替え方やおしり拭きの使い方**を練習しておきましょう。

3 沐浴（もくよく）の方法

沐浴には、**体の清潔さを保つだけでなくリラックス効果もあります**。赤ちゃんの体を支えながら安全に沐浴ができるようにしておきましょう。

4 新生児服（ベビー服）の着せ方

生まれたばかりの赤ちゃんはまだ首がすわっていないため、**抱き上げると首回りがぐにゃんぐにゃんします**。このため、服を着せる際には注意が必要です。優しくていねいに着せてあげたいですね。

5 新生児の特徴と注意点を知っておく

新生児は成長が早く、体調が急に変わることもあります。また、**体重が一時的に減るという特徴もあります**。自宅に帰ってからの育児のために、こうした特徴や異常時のサインを把握しておきましょう。

6 自分自身の回復について知っておく

出産後、ご自身の身体もきちんと気遣いましょう。**産後の体調変化や悪露（おろ）の変化**、キズの処置方法、産後に起こりやすい病気・トラブル*、1ヶ月健診までの過ごし方などを把握し、しっかりとパートナーやご家族に伝えておくことが大切です。

7 睡眠とストレス対策

産後は慢性的に睡眠不足となりやすく、ストレスも溜まりやすい時期です。**短時間でも質のよい睡眠をとる方法や工夫、ストレスを解消する手立て**を見つけておきましょう。もちろん、パートナーや訪問サービス、産後ケア施設の活用も重要です。

図31　入院中に学んでおくと安心なこと

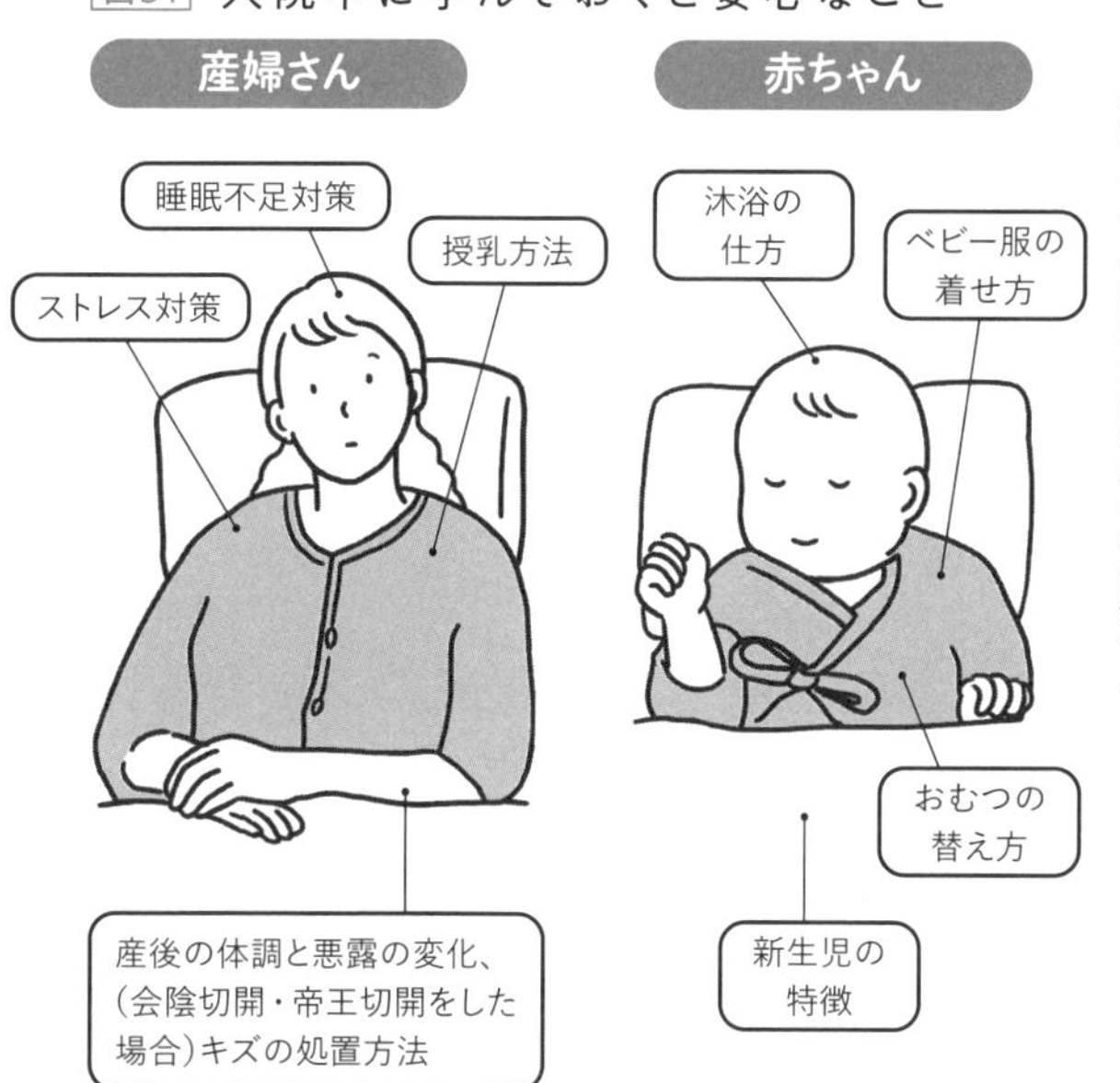

*産後に起こりやすい病気・トラブル
膣壁血腫（内出血による膣の内側の膨らみ）、創部感染、子宮復古不全、産褥熱、乳腺炎、乳頭裂傷、膀胱炎、尿漏れ、痔・脱肛、抜け毛、腰痛・関節痛、産後うつ

産後のからだの回復

赤ちゃんが早く・小さく産まれたら……

妊娠・出産では、何が起こるかわかりません。**妊娠37週0日より早く生まれる「早産」**は出産全体の**約5～6%**を、**赤ちゃんが2500gより小さく生まれる「低出生体重児」**は全体の**約9～10%**を占めています。[40][41]

早産児や低出生体重児は、まだ身体の発達が未熟のため、生まれて数日間またはしばらくの間、**新生児集中治療室（NICU）や新生児回復室（GCU）に入院することがあります。**これらは特別なケアが必要な新生児が入院するための専門施設です。

● NICUとは

NICU（図32）は、**特に早い段階での早産児**や出生直後に蘇生が必要となったような**重症の新生児**が入院します。個別の状況に応じて、人工呼吸器や専用保温器、点滴などの高度な医療機器を用いた治療が行われます。

● GCUとは

GCU（図33）は、**NICUを卒業した新生児**や、**状態が比較的安定しているけれど通常より手厚いケアが必要な新生児**が入院する施設です。GCUでは、赤ちゃんの体重増加や発育を助け、家に帰れるようになるまでケアをすることが目的です。授乳指導や体温調整、感染症予防などの基本的なケアや、必要に応じた栄養療法・理学療法も行われます。

NICUやGCUでは、**新生児のケアに特化した**

医師（新生児科医や小児科医）や看護師、栄養士、理学療法士などの**専門スタッフがチームを組み**、対応してくれます。

また、**家族に対するサポートや情報提供**も重要な役目のひとつであり、お母さんが赤ちゃんのケアや成長具合を理解し、自信を持って育児に取り組めるように最大限サポートしてくれます。

退院の目安は個々の状況で変わってきますが、概ね「**体重が2300gを超え、自分できちんと母乳やミルクを飲める**」ことが目安となります。

場合によっては、退院後も定期的な通院が必要になります。お母さんやパートナーだけでその負担を抱えるのは大変なので、できればほかの家族にもサポートをお願いしたり、地域の支援団体などの助けを借りたりすることも検討してください。さまざまな**情報交換**もできますし、**サポートを受けることで安心して育児に取り組みやすくなる**でしょう。

図32 **NICU**

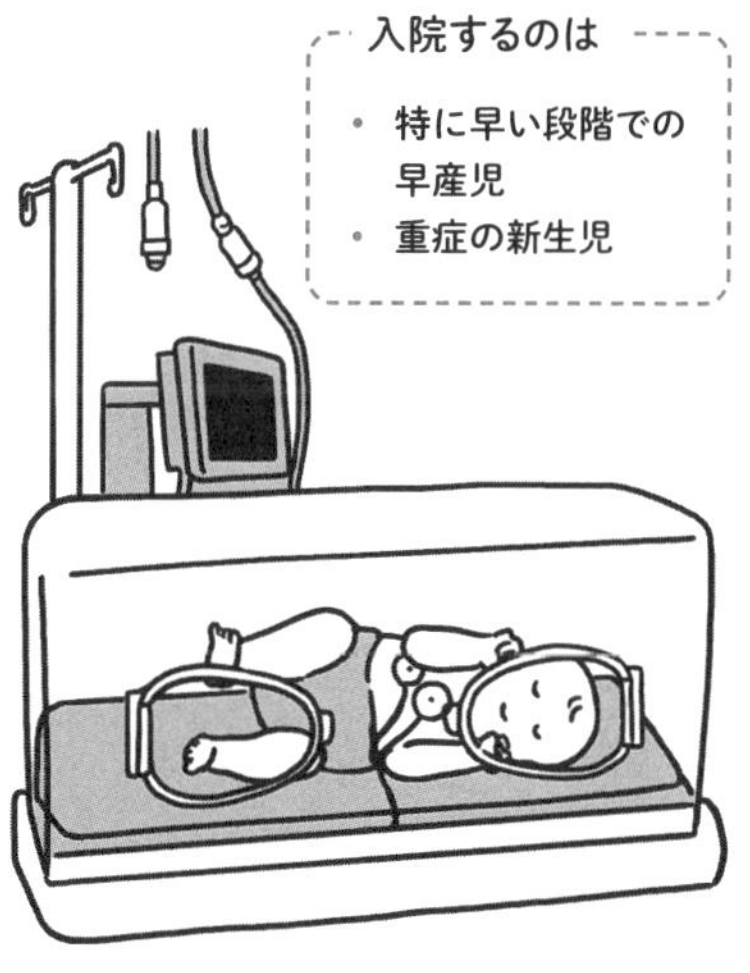
入院するのは
・特に早い段階での早産児
・重症の新生児

人工呼吸器や専用保温器など高度な医療機器を用いた治療が行われる

図33 **GCU**

入院するのは
・NICUを卒業した新生児
・状態が比較的安定しているもののケアが必要な新生児

赤ちゃんの体重増加や発育を助け、退院できるまでケアをする

産後のからだの回復

母乳育児をうまく進めるには？

出産後、できれば母乳で育てたいと考えている人は多いでしょう。しかしながら、**出産したら誰でもすぐに母乳がしっかり出るとは限りません。**

また、事情があって母乳育児を続けられない方もいます。ここでは、母乳育児をなるべくうまく進めるためのポイントに加えて、「母乳育児にまつわる誤解」の解説もします。

● 母乳育児をなるべくうまく進めるために

まず、母乳が分泌されるメカニズムを知っておきましょう。授乳には、**母乳を作り出すプロラクチンというホルモンと、母乳を出す（射出する）作用のあるオキシトシンというホルモン**が重要な役目を担います。

これらのホルモンは、**赤ちゃんが乳首を吸う刺激によって多く分泌されます。**出産後、乳首を吸う刺激によって母乳の産生がだんだんとスムーズになっていきますが、分泌量がしっかり増えるまでには概ね2～5日間かかります。

母乳育児を順調にスタートさせるためには、「**産後早期からの頻回授乳**」がポイントです。頻回授乳とは、

・**1日8回以上**
・**1～3時間おきに**
・**赤ちゃんの欲しがるタイミングで**

授乳を行うことです。

ときには授乳回数が1日10回以上と多くなったり、授乳時間が短めになったりすることもあるでしょう

が、それは問題ありません。**お母さんの疲労や睡眠不足とのバランス**にはなりますが、まずしっかりと**赤ちゃんにたくさん吸ってもらう**ことが、母乳育児をスムーズに進めるための大きなポイントなのです。

Q 授乳の際は赤ちゃんの目を見る必要がありますか？

A 確かに授乳はお母さんと赤ちゃんの重要なスキンシップの機会となりますが、「目を見る」ことが医学的に必須ということはありません。新生児は視力が0・1未満と考えられていて、「ぼんやりものが見えている」くらいの状態です。よって、授乳の際に目を見ないことによる弊害はないでしょう。

ただ、授乳が愛着形成に重要なのは確かです。授乳中にスマホで調べ物をしたり本を読んだりしてもいいですが、赤ちゃんの様子もこまめに観察し、ときおり目を見て話しかける、くらいに意識してみるのはいかがでしょうか。

Q ほとんどのお母さんがほぼ母乳だけでの授乳を長期間続けられているのでしょうか？

A ２０１５年度の厚生労働省の全国調査では、母乳だけによる授乳を続けられている女性は産後１ヶ月で約51%、３ヶ月では約55%でした[42]。実際には半数程度の女性しか続けられていませんが、ほとんどの赤ちゃんは問題なく成長・発達しています。

Q 母乳育児は何ヶ月か続けないとダメでしょうか？

A 確かに初乳（産後2〜3日目まで）には豊富な栄養と免疫成分が含まれており、腸の消化機能の発達を助けますし、初乳の時期を超えても人工乳（粉・液体ミルク）に比べて母乳のメリットはたくさんあります。

しかし、人工乳にも赤ちゃんの成長に必要な栄養素（脂質、糖質、タンパク質、ビタミン、ミネラルなど）がバランスよく含まれていますし、保存性が高いといったメリットもあります。ご自身の体調や仕事などの状況に合わせて、人工乳も上手に活用することが大切です。

産後のからだの回復

意外とやっかいな乳腺炎

「友人が乳腺炎でとても大変そうだった」
「乳腺炎になったら、授乳しないほうがいいの?」

など、**母乳育児をがんばりたいけど乳腺炎が怖い、**という声はよく耳にします。ここでは、乳腺炎対策について解説します。口コミ等で広がりやすい「医学的根拠のない対策法」もあるのでご注意を。

乳腺炎は、簡単に言うと「**乳腺に炎症が起きている状態**」です。**産後3ヶ月以内**(特に産後2~3週間以内)**に起こることが多いとされていますが、授乳していればいつでも起こり得るものです。**

自覚症状は以下の通りです。

- **乳房の熱感、痛み、腫れ**
- **乳房内のしこり**
- **全身の不調**(発熱や寒気、だるさなど)

まず、乳腺炎の予防法を紹介します。

乳腺炎は、**乳房に母乳が溜まりすぎてしまうことがほとんどの原因**です。このため、普段の授乳で赤ちゃんに乳房内の母乳をきちんと飲みとってもらうことが一番の予防法です。**しっかり飲んでもらうために、正しい授乳姿勢**(図34)**で、授乳間隔を空けすぎないこと**を意識しましょう。

では、乳腺炎になってしまった場合にはどうすればいいのでしょうか。

- **授乳を続ける**

予防法と共通していますが、赤ちゃんにしっかりと母乳を飲んでもらうことがまず大切です。授乳姿勢を工夫して、**乳腺炎の症状が出ている側の乳房から先に**

飲んでもらいましょう。ご自身が心地よいと感じるなら、乳房を冷やす（もしくは温める）ことをしてもOKです。

• **乳房マッサージ**

熱が下がらない、授乳しても治まらないような場合は、セルフケア以上の対策が必要な状況です。**医療機関を受診し、助産師から乳房マッサージを受ける**ことで改善が期待できますが、乳房マッサージは治療のために必須というわけではありません。

最近ではオンライン相談で助産師にマッサージ法を聞き、自分自身で試すようなことも可能です。

• **服薬**

39度以上などの高熱や、痛みが非常に強い場合には、きちんと医師に診察してもらうことが必要です。**乳腺炎かと思っていたら別の原因で発熱していた、乳房内に膿が溜まっていた**、というような可能性もありますので、これらをチェックしてもらいましょう。その上で、抗菌薬や鎮痛剤、漢方薬などが処方されたらしっかりと服薬しましょう。通常、授乳を継続しても問題のない薬が処方されますので、**授乳を続けることで早期治療につながります**。

なお、

• **ケーキや油っぽいものを食べると乳腺炎になりやすくなる**
• **お母さんの食事内容で母乳の味が大きく変わる**
• **野菜や果物で乳房を冷やす方法は安全で効果的**

といった説を見かけますが、これらはすべて医学的根拠がなく誤った情報です。[43]

図34 正しい授乳姿勢

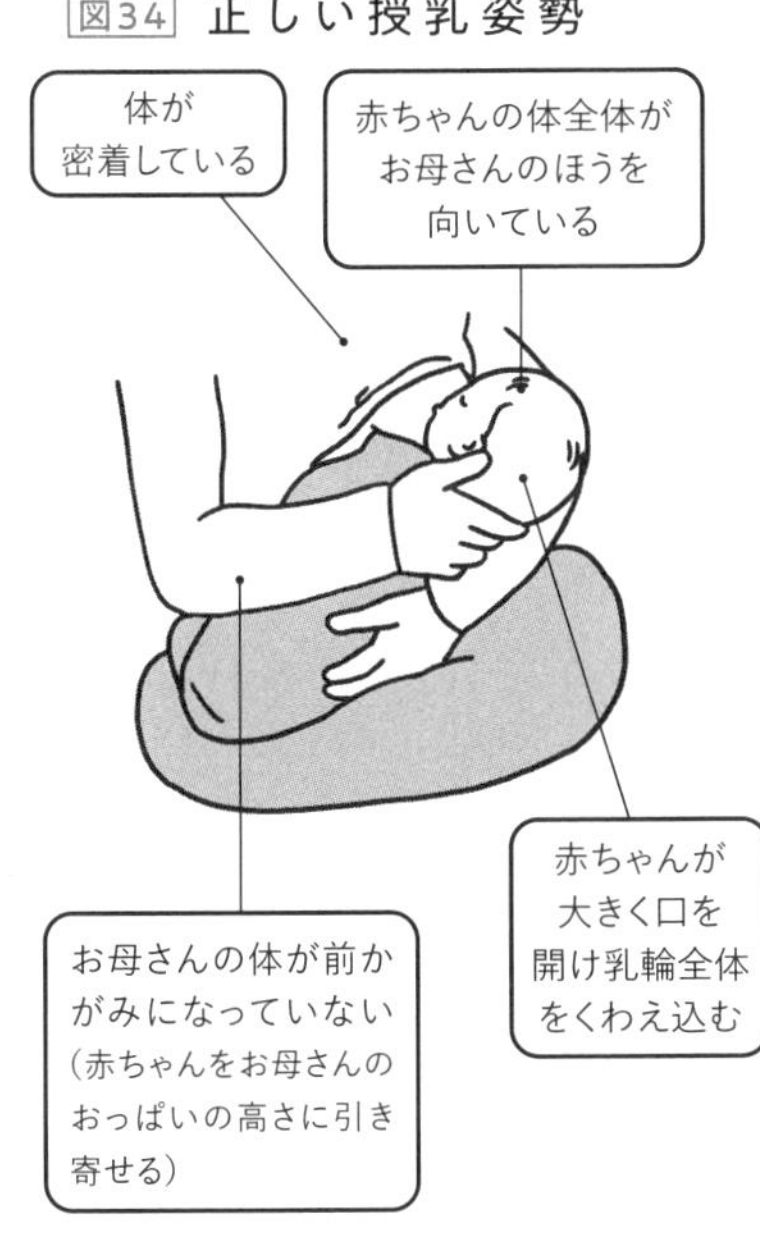
体が
密着している
赤ちゃんの体全体が
お母さんのほうを
向いている
赤ちゃんが
大きく口を
開け乳輪全体
をくわえ込む
お母さんの体が前か
がみになっていない
（赤ちゃんをお母さんの
おっぱいの高さに引き
寄せる）

産後のからだの回復

子宮の戻りと悪露(おろ)について

出産後には、**後陣痛**と呼ばれる**子宮の収縮**がしばらく続き、少量の残った組織（卵膜の一部など）を外に出します。産後、月経血のように出てくる血液まじりの分泌物を「**悪露**」と呼びます。

出産から半日くらい経つと、子宮は少しだけ緩んでおへその下くらいでも触れるようになり、その後1週間は子宮を触れる位置が毎日1㎝くらいずつ下がっていきます。概ね2週間ほどすると、お腹の上からは子宮が触れなくなり、通常は**6〜8週間で元の大きさに戻ります**。これを「子宮復古」と呼びます（**図35**）。

悪露の色調や量は、経過する日数によって変化します。

①出産直後〜1週間程度：濃い赤色で量が多め。量は徐々に減少します。

②1〜2週間程度：ピンク〜褐色に変わり、量もさらに減少します。

③3〜6週間程度：褐色から黄褐色や白濁色に変わり、徐々に量が減って最終的に出なくなります。

悪露の状況から、何らかの異常に気づくことができます。次の症状が現れた場合、受診が必要ですので注意してください。

- **悪臭が強い**：子宮内の感染の可能性があります。
- **高熱や寒気、腹痛**：感染に伴う子宮の炎症が疑われます。
- **大量の出血や急激な増加**：子宮復古がうまくできていない可能性があります。

・**産後1ヶ月以上経っても悪露が止まらない**：子宮内に残留物があるか、子宮復古が遅れている可能性があります。

悪露がある間は、取り替え可能な産褥パッドを下着に使用するなどして清潔を保ちましょう。

また、**タンポン**は子宮内感染のリスクがあるためこの時期は避けてください。性行為や入浴は、悪露が止まってから再開するほうが安心です。

通常、産後1ヶ月頃に健診があります。右記のような悪露の異常がなくても、何か不安や疑問があればその機会にしっかり聞いておきましょう。

また、パートナーから性行為を求められても、この時期は身体と子宮の回復を待つほうが大切ですし、**悪露が残っている間は感染のリスクが高い**ので、きちんと説明した上で断ってOKです。

図35 子宮の高さの変化

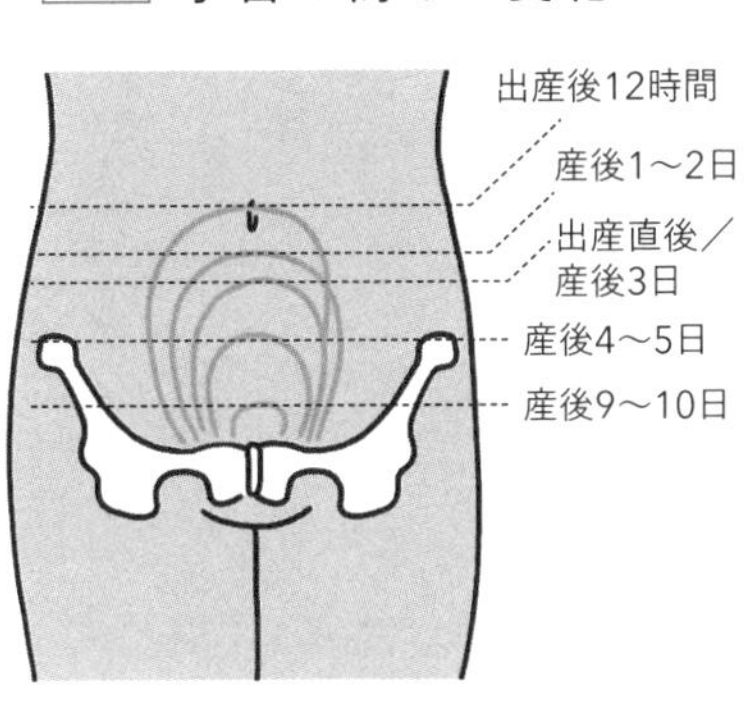

Q **産後の骨盤矯正は必要ですか？**

A よく「産後の骨盤の歪みを治そう！」というような口コミや広告を目にしますが、骨盤は硬い骨で構成されているため「骨が変に歪む」ことはありません（骨の隙間が少し広がることはあります）。また骨盤矯正でダイエット効果、お腹の凹みなどを期待できる根拠はありません。骨盤矯正を否定するわけではありませんが、過剰に不安を煽るような広告に惑わされないようご注意ください。

産後の
からだの
回復

産後の抜け毛をなんとかしたい！

産後にはたくさん髪の毛が抜けるらしい……。そんな話や噂を聞いたことがあるかもしれません。残念ながらこれは事実で、多くの女性が抜け毛の増加に悩んでいます。

産後の抜け毛は**一時的な髪の脱毛現象**で、医学用語では「出産後脱毛」と呼ばれます。[44] 妊娠中には女性ホルモンの分泌が増加することで、髪の成長期が延長され、抜け毛が減少します。しかし、**出産後に女性ホルモンの分泌が急激に減少すると、一気に髪の休止期に移行し、抜け毛が急に増える**現象が起こります。これが「出産後脱毛」です。

脱毛を促す要素には

- **重度の疲労**
- **短い睡眠時間**
- **長時間の勤務**

などの大きな身体的負担やストレスが関係していると考えられています。

また、

- **髪の長さがセミロング／ロング**
- **髪を常に束ねている**
- **パーマをかけている**
- **シャンプーが2日に1度より少ない**

など、頭髪や頭皮への負担や刺激の強さ、頭皮の不清潔さが脱毛に関連しているとも言われています。

産後の抜け毛対策として、次のようなことを可能な範囲で試してみましょう。[45]

・**健康的な食事**

髪の成長に必要な栄養素をバランスよく摂取しましょう。**タンパク質**、**ビタミン**、**ミネラル**などが含まれる食品を選びます。

・**頭皮マッサージ**

血行を促進し、髪の成長をサポートします。産後で大変な時期ですが、シャンプーも兼ねて清潔を保つようにするとよいでしょう。

・**シャンプー等の工夫**

髪のボリュームを出すシャンプーを試してみましょう。なお、「コンディショニングシャンプー」と書かれたシャンプーは髪が重くなり逆効果となることがあるためご注意を。**コンディショナーは毛先だけにつける**ほうがボリュームが出やすくなります。

・**ストレスをなるべく軽減**

パートナーとのやりくりや家族・外部のサポートをうまく利用し、休息を取る時間を確保しましょう。普段から少しでもリラックスできる環境を整えられるといいですね。

・**髪への負担を減らす**

髪を引っ張る力がかかるようなヘアスタイルや過度なブラッシング、パーマを避けることも有効でしょう。禁煙も大切です。

産後の抜け毛は、通常**3~8ヶ月程度で自然に治まることが多い**ですが、個人差があります。もし抜け毛が1年以上続いたり、抜ける部位が局所的であったり、頭皮に炎症や赤みがある場合は、皮膚科や産婦人科などに相談することをお勧めします。原因がホルモンバランス以外にある可能性を考慮し、適切な診断と治療が必要です。

産後の抜け毛は、ほとんどの女性にとって一時的なもので、**適切なケアと栄養補給を行い、焦らず改善を待つ**ことが基本となります。

産後のからだの回復

会陰切開と帝王切開のキズはいつ治る？

経腟分娩では会陰のキズが、帝王切開ではお腹のキズがどうしても気になるものです。しっかり縫ってもらったとはいえ、しばらく痛みが残りますし、縫った際に使われた**糸が皮膚の下に残っていて引っ張られる違和感**がある人もいるでしょう。ここでは、それぞれのキズの治りやケアについて解説します[46]。

● 会陰切開のキズ

会陰裂傷や会陰切開の縫合後、キズの治り具合には個人差がありますが、一般的には次のような経過をたどります。

①**最初の1～2週間**：痛みや腫れが徐々に引いていきます。この期間は、縫合部分がもっとも敏感で痛みを感じやすいです。

②**2～4週間**：痛みがだいぶなくなり、縫合部分がだんだんと癒えてきます。

③**4～6週間**：大半の人が痛みをほとんど感じなくなり、縫合部分も完全に治癒するのでキズが開くことはもうありません。

円座などをうまく使い、圧迫による痛みを軽減しましょう。痛みが辛いときは**鎮痛薬を退院時に処方してもらう**とよいでしょう。

● 帝王切開のキズ

帝王切開の場合、一般的に、手術直後は創部に専用のテープが貼ってあります（**図36**）。退院時にテープを剥がす場合もありますが、**貼ったままの場合には無理に剥がさない**ようにしましょう。

図36
帝王切開創部への保護専用テープ

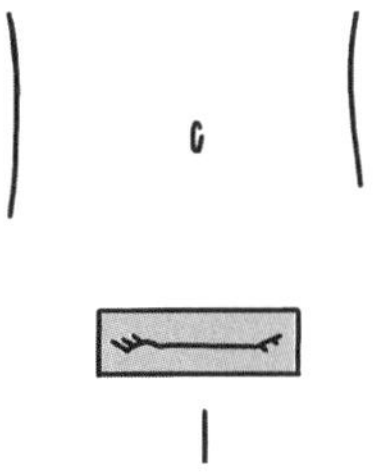

このテープは**創部を固定して、キズ口のズレを防いでくれます**。退院時に剥がした場合には、シリコーンテープなど創部保護専用のテープも市販されていますのでぜひ活用しましょう。上手に使うことで、衣服との擦れなどの刺激から創部を保護することができ、**あとあとキズ跡が目立ちにくくなります**。また、重い荷物を持ったり、動きすぎたりしないことも大切です。

創部保護専用のテープは**産後3〜6ヶ月後には使用をやめる**とよいでしょう。使い始める時期や終わりにする時期に迷う場合は退院時に主治医に相談しておきましょう。

入浴時には、必ず**創部を優しく洗って清潔を保つ**ことが重要です。産後1ヶ月健診まではボディーソープや石鹸は使用せず、お湯で洗い流す程度で十分です（医師から特定の指示があった場合にはそれに従ってください）。

キズ跡は、最初のうちは赤く目立ちますが、時間の経過とともに薄くなり、低い位置の横切開では多くの場合に陰毛で隠れるようになります。

キズの治り具合は個々の体質や状況、適切なケアが行われているかによっても異なりますので、ご紹介した経過はあくまでも目安と考えてくださいね。

なお、会陰でもお腹でも、以下のような症状がある場合には早めに出産した病院を受診しましょう。

- **強い痛みが続く**：痛みがひどく、日常生活に影響が出る場合は、縫合部分がうまくくっついていない、内出血しているなどの可能性があります。
- **赤み、腫れ、熱感**：細菌感染の可能性があります。
- **異臭や膿の排出**：縫合部分から異臭がする、または膿が出る場合も、細菌感染のサインです。
- **キズが開く**：縫合部分が開いてしまった場合は、再縫合が必要になることがあります。

産後のからだの回復

マタニティーブルーズと産後うつ病はどう違う？

産後は、身体的な負担が大きくなっているだけでなく、精神的にも負担が大きいことを忘れてはなりません。**多くの女性が陥る気持ちのゆらぎ、落ち込みについて理解しておき、できるだけ事前の対策と周囲からのサポート体制を作っておく**ことをお勧めします。

ここでは、マタニティーブルーズと産後うつ病について解説します。

●マタニティーブルーズ

海外では、"baby blues"とも言われる「**一時的な精神的落ち込み**」のことです[47]。

一般的には、**産後3～10日以内**に始まり、**産後2週間以内**に治まります。**涙もろさ、不安定な気持ち、孤独感、絶望感、集中力の低下といった症状**が出現します。日本では、研究にもよりますが**3～5割程度**の女性に認められる症状であることがわかっており、かなりありふれた症状といえるでしょう。

なお、マタニティーブルーズ自体は産後うつと異なる状態ですが、**症状の重いマタニティーブルーズは産後うつに進展するリスク**だと考えられています。

●産後うつ病

出産後に胎盤が排出されると、体内のホルモンバランスが急激に変化することで、精神的影響が生じることがあります。また、育児中の睡眠不足やストレスフルな環境も精神面に影響します。

産後うつ病は、**15％程度**の女性に生じることがわかっており、マタニティーブルーズよりも頻度は低いですが決して珍しい病気ではありません。**産後3ヶ月以内**に発症しやすいとされていますが、**産後1年間のいつでも起こる可能性があります**。

主な症状は「**気分の落ち込みや憂うつな気分が続く／頻繁に起こる**」「**物事への興味が失せてきている**」ですが、うつ状態になると「自分はおかしな状態だ」ということが認識しづらくなってしまうため、周囲からのケアやサポートが不可欠です。

なお、コロナ禍では妊娠中や産後のうつ病が増えている可能性が指摘されており、国内外で大きな問題だと認識されています。[48][49]

また、近年では「**男性の産後うつ**」にも注目が集まっています。日本における2020年の研究報告では、**男性の約11%**にも産後うつ病が認められています。発症のリスク因子には「収入の低さ」「精神疾患の既往」「母親の精神状態」「新生児の健康状態」などと報告されています。[50] 相互のサポートがいかに重要であるかがわかりますね。

次に、産後うつ病への対策を紹介します。

産後の女性は次のような状況になりやすく、これらは精神的負担を重くさせ、うつ病発症のリスクを高めると考えられます。よって、これらのリスクを少しでも減らしてあげることが重要となります。

- 乳幼児の健康を守らなければならないという精神的不安や負担
- 自分自身のアイデンティティのゆらぎ（母親としての存在への移行）
- 慢性的な睡眠不足
- 周囲からのサポートが乏しい
- 自由時間がないストレス

また、**産後ケア施設**や**家事代行サービス**の活用や、**パートナーが母乳による授乳以外の育児・家事を担う**ことで、なるべく家事の負担を減らして**睡眠時間を確保する**ことも重要です。妊娠中から右記のことを家族で共有し、対策を練っておくことが大切です。

産後のからだの回復

産後のセックス解禁はいつから？

出産後にセックスや自慰行為を再開するタイミングは、個人差があれどいくつかの目安があります。経腟分娩後と帝王切開後について、それぞれの注意点を含めてお伝えします[51]。

● 経腟分娩後

産後の悪露が止まり、キズや縫合部分がしっかり治癒した後であれば再開することができます。一般的には、**産後1ヶ月健診を受けて医師から問題ないと判断された後**の再開がおすすめです。ただし、触るとまだ痛みがある場合や不安が強い場合は、慌てずに症状や不安がなくなるまで待ちましょう。

また、産後は体力が落ちていたり骨盤に痛みが残っていたりすることも少なくないため、**無理をせず自分の体調に合わせて徐々に再開していく**ことが大切です。

● 帝王切開後

帝王切開の場合も、基本的には**産後1ヶ月健診を受け、医師から問題ないと判断された後**の再開がよいでしょう。ただし、帝王切開ではお腹の筋肉まで切開・縫合されているため、創部や筋肉などの回復にはより時間がかかりやすいです。**痛みが完全になくなり、お腹の表面のキズが完全に癒えてから**再開するようにしましょう。

いずれの場合も、再開後は次の点に注意してください。

・**コンドームの使用**

産後の子宮や膣は**感染に弱い**状態です。また**月経が再開していなくても排卵が先に再開していることもあります**。基本的にコンドームを使用してセックスするようにしましょう。

・**潤滑剤の使用**

産後は女性ホルモンである**エストロゲンの低下により、膣の乾燥を感じる**女性がいます。適切に潤滑剤を使用することで、セックス中の痛みや不快感を軽減できるでしょう。

・**パートナーとのコミュニケーション**

パートナーへ、自分の体調や気持ちを素直に伝えることが大切です。嫌だったり不安なときは、きちんとそれを伝えて待ってもらうようにしましょう。**スキンシップの方法はセックス以外にもたくさんあります**。また、セックスの際は優しくていねいにしてもらうことも重要です。**今後の長期的なコミュニケーションを見直すきっかけ**になるかもしれませんね。

最後に、セックスや自慰行為を再開後に**創部の強い痛みや腫れ、性器出血の増加、発熱**などの症状が現れた場合は**感染や内出血などの可能性**がありますので、早めに産婦人科へ相談してください。

産後の月経再開についての疑問

産後には悪露がしばらく続きますが、いずれ月経が再開します。ただ、個人差が大きい上に、産後1ヶ月健診の後は医師に相談する機会がなかなかないため、**再開時期について不安を抱えている女性は少なくありません**。また、年齢を考えると次の妊娠を早めにしたいと考えている人もいるでしょう。

個人差がありますが、月経再開時期は、**産後6週間から3ヶ月頃が一般的**です。ただし、授乳方法によって再開の時期が異なります。**再開後しばらくは月経周期がばらつきやすい**ため不安になるかもしれませんが、次第に周期が整っていきます。

● 母乳の場合

母乳育児を行っている場合、**プロラクチン**というホルモンが分泌されることで排卵が抑制されやすいため、月経再開が遅れる傾向にあります。母乳だけで育児をしている場合には、**概ね産後6ヶ月から1年が再開時期**となるでしょう。

● 人工乳（ミルク）の場合

人工乳の場合、母乳だけの育児よりも早く月経が再開しやすいです。通常は、**産後2～3ヶ月以内に再開となる**でしょう。混合栄養では、母乳を与える頻度が減ってくることで月経が徐々に再開しやすくなると考えられています。

妊娠可能性についても重要なのでお伝えしておきます。産後しばらくは月経が来ないだけではなく排卵も起こっていないのですが、**月経が再開する前に排卵が起こることがあります**。つまり、月経が再開していなくても避妊せずにセックスすることで妊娠する可能性があるのです。

特に、母乳での授乳間隔が長くなったり、離乳食が始まったりすると、プロラクチンの分泌が減少して排卵が密かに再開することがあります。

出産して**半年以内の妊娠は早産率が上がる**などリスク増加につながりますのでご注意ください。

なお、産後の月経に関して、早めの受診が必要な目安は以下の通りです。これらの症状がある場合は、産婦人科を受診して治療方針等の相談をしましょう。

- **産後1年以上経っても月経が再開せず次の妊娠を希望している**
- **産後1年半経っても月経が再開していない**
- **再開後に出血が多い、長引く、月経痛が強すぎて日常生活に支障がある**

産後の月経再開時期は個々の体調や生活状況によって異なりますが、上記の内容を参考に、焦りすぎず様子を見ていってくださいね。

なお、**子宮頸がん検診は2年に1回**が推奨されていますので、月経が再開していてもいなくても、最後の検診から2年経つ頃には検診を受けるようにしましょう。

Q 出産前後で月経や排卵に変化は起こりますか？

A 出産後に、月経痛の程度や月経周期が変わったという女性は少なくありません。妊娠・出産を経て子宮の大きさや位置に激しい変化が起きたため、元に戻ったとはいえ影響が残っているのだと考えられます。痛みは強くなる場合も弱くなる場合もあるので、痛みが辛い場合には早めに産婦人科で相談してみるとよいでしょう。

p148-149の参考文献:[52]

産後のからだの回復

お母さんの産後1ヶ月健診は超重要！

出産から産後1ヶ月までは、授乳や育児に忙しく、睡眠不足や身体中の痛みで大変な時期です。ただ、**産後1ヶ月健診はすべてのお母さん（と赤ちゃん）に必ず受けてほしい診察**です。ここでは、お母さんの産後1ヶ月健診でどんなことを確認するのか解説します。

● お母さんの身体の回復や戻り具合

産後1ヶ月健診では、次の検査や測定を行います。文字で読むと量が多そうで大変そうに感じるかもしれませんが、身体に負担のかかる検査や診察ではないためご安心ください。

【体重・血圧測定、尿タンパク検査】

出産直後は（正期産であれば）体重が約4kg減ると言われていますが、食事をとれているかどうか、授乳方法などで体重は大きく変化します。体力にも影響しますので、**出産後の体重変化**について確認します。

また、**血圧**も重要です。妊娠中に高血圧だった人だけでなく正常だった人も、**産後に血圧が上がることがある**ため、正常範囲（収縮期140mmHg／拡張期90mmHg未満）かどうかを確認します。高血圧に関連しやすい「**尿タンパク**」の有無も確認します。

【内診・経腟超音波検査】

会陰切開などのキズがきちんと治っているか確認（経腟分娩の場合）し、悪露の色や量、子宮の中の出血の溜まり具合をチェックします。産後1ヶ月時点で明らかに悪露が多いと子宮収縮剤の内服薬が処方されることもあります。

帝王切開で出産した場合は、**腹部のキズの治り具合や感染の兆候がないか**などを確認します。また、超音波検査で、切開を加えた子宮に問題がないかをチェックします。

これ以外にも、妊娠糖尿病や血栓症などの合併症を治療していた場合や、健診で異常が見つかった場合には、追加検査をしたり健診後の通院が必要となったりすることもあります。

●乳房や母乳、授乳の状態

授乳状況について、母乳の状態や赤ちゃんが上手に飲めているかなどを助産師がチェックします。母乳の分泌量、乳頭の形や授乳方法、赤ちゃんの個性など、体質や環境の個人差がとても大きいところですし、授乳がうまくできないと**赤ちゃんがスムーズに母乳を飲めないばかりかお母さんが乳腺炎になってしまうことも**。ぜひ、困っていることや疑問点などを気軽に聞いてみましょう。

●気分の落ち込みやストレス状況

精神的な状況を把握することも健診の大切な役目です。産後1ヶ月時点の気分の落ち込みや絶望感は、**マタニティブルーズではなく産後うつ病を疑うサイン**です。概ね15％の女性に産後うつ病は生じ、産後3ヶ月以内が特に発症しやすく、コロナ禍ではさらにリスクが高まっていることが指摘されています[53]。うつ病の疑いがあるお母さんを早い段階で見つけるために**スクリーニング検査**（通常、「エジンバラ産後うつ病質問票」という10個の質問を使います）をしたり、必要に応じて専門カウンセラーや精神科へつないだりします。

産後1ヶ月健診がとても大事な診察であることがおわかりいただけたでしょうか。疲れていたりストレスが溜まったりしていても勝手にスキップせず、むしろしっかり受けて**困っていることはなんでも相談してみましょう**。聞きたいことをメモして持っていくと、当日聞き忘れを防げるためおすすめです。

産後のからだの回復

注目される「産後ケア」の有効活用

出産直後の女性は、**身体的にも精神的にも不安定な状態**です。睡眠不足や慣れない育児への不安、上の子がいる場合はその子のお世話など、お母さんは自分の身体のケアをする余裕がなかなかありません。このような産後のお母さんを対象とする、**病院を退院した後の母体の心身のケアや育児サポート**として「**産後ケア**」と言われるサービスがあります。

日本では2019年に母子保健法の一部が改正され、産後1年以内の母児に対する産後ケア事業が法制化されました。しかし、**日本での産後ケア事業の利用率はすべての産後女性の1%程度**と、非常に低い状況です。[54]

日本の産後ケア事業は、大きく3種類に分類されます。

- **宿泊型**：病院や助産所などに宿泊して休養する
- **日帰り（デイサービス）型**：個別もしくは集団で日中に来所した利用者に対して提供される
- **訪問（アウトリーチ）型**：実施担当者が利用者の自宅を訪れて提供される

受けられるケア・サービスは主に**図37**の通りです。保健師や看護師、助産師、臨床心理士などの専門家が対応してくれます。

費用は自治体から補助が支給されるため**日帰りや訪問であれば1回あたり2000～3000円など**で利用できますが、利用料や利用条件は施設や市町村などによって異なります。また補助が出る期間や利用回数に制限がある場合が多く、その回数も市町村によって異なります。詳しくはお住まいの市町村に問い合わせてみてください。

なお、**産後ケア事業・施設の利用には事前申請が必要な場合がほとんど**です。早めに情報収集し、可能であれば妊娠中に見学や申請を行うと余裕を持って準備できるでしょう。

最近では自費・高額になりますが、**高級な産後ケアホテルといったサービス**も登場してきています。妊娠前〜妊娠中にお金を貯めておき、産後のケアに充てるのもひとつの戦略かもしれませんね。

図37 「産後ケア」の主な内容

母体の身体的ケア
(睡眠時間の確保、食事の提供、マッサージや骨盤ケアなど)

授乳のサポート
(授乳や搾乳の指導・アドバイス、乳房マッサージなど)

心理的ケア
(カウンセリング)

生活指導
(栄養管理、体操やエクササイズなど)

育児指導
(沐浴・おむつ替え・だっこなどへのアドバイス)

ママ同士の交流

産後のからだの回復

D-MER（不快性射乳反射）ってなに？

母乳をあげている最中に、突然ネガティブな気持ちや不快な気分、ゾワゾワした感覚、吐き気が現れる人がいます。こうした現象は「**不快性射乳反射（D-MER）**」と呼ばれています。[55]

「子どもはかわいいのに自分は母親失格だ」というような思い込みを持ってしまう女性が時々いらっしゃいますが、そうではないということをお伝えします。

D-MERは、**母乳による授乳中に、特に母乳排出の数秒前に起こる突然のネガティブな気持ちや不快な気分、ゾワゾワした感覚、吐き気**です。米国からの研究ではおよそ**9%の産後女性**に認められたと報告されています。[56]

原因は主にホルモンの影響と考えられており、**特にドーパミンという成分の低下**により起こると考えられています。なお、産後うつ病とは別物なので覚えておきましょう。

D-MERによる症状には個人差があります。少しため息が出てしまうくらい（軽め）の人から、非常に辛い気分になって授乳をやめたくなってしまう（重め）人もいますが、多くの場合には**5分程度続く**と言われています。[56] 症状は**産後3ヶ月までに徐々に軽くなる・消えていくことが多い**のですが、授乳期間中ずっと続くこともあります。[55]

ただし、症状の持続期間にかかわらず、**赤ちゃんが大きくなるにつれてうまく対処できるようになっていくことが多い**とされています。

D-MERへの対処法として、症状が軽度〜中等度

の場合には、認識や生活習慣を変えることを試してみましょう。

まずはD-MERがどのような状態（現象）であるかを理解することが大切で、決して「自分は母親に向いていないんだ」と思う必要はありません。

また、**気を紛らわせること**（授乳中の食事や好きな音楽を聴くなど）や、**症状を悪化させる要因（例：心身のストレス、水分不足、カフェインなど）を避ける**ことも有効な場合があります。

症状が重度（授乳が全然できない、毎日が辛くてしょうがない、など）の場合、産婦人科を受診して医師や助産師に相談するか、地域の保健師に相談することをお勧めします（ただし、D-MERを詳しく知らない医療者もいますので、事前に電話で相談できるか聞いてみるとよいでしょう）。

ひとりで悩みすぎると授乳以外の育児も嫌になってしまいますし、精神的によいことはありません。パートナーやご家族にも相談し、ひとりで抱え込みすぎないようにしてくださいね。

産後のからだの回復

産後こそ男性が動こう、活躍しよう

ここでは男性パートナーへ伝えたいことをまとめました。

出産後の女性は、身体的・精神的な変化が大きく、多くのケアが必要です。**男性パートナーが積極的に関与し、ともに進めていくことが重要**であり、社会的にもその風潮が強まっています。

以下に、産婦人科医として男性パートナーに伝えたいことを挙げました。ぜひ、本書を一緒に読みながら、パートナーと話し合ってみてください。

1 育児への参加

育児は2人で行うもの。おむつ替え、入浴、ミルクでの授乳、寝かしつけなど、**母乳以外はすべて分担できるはず**です。2人の環境に合わせて分担をすることで、女性の負担が減りますし**男性自身も子どもとの絆が深まる**でしょう。

2 産後女性の心身のケア

産後は女性の**体力が低下し、疲れやすい状況**です。また**骨盤やキズの回復まで時間を要します**。女性がなるべくしっかり休めるような環境作りを工夫しましょう。また、**産後うつ病の兆候（サイン）**に注意し、心配事や悩みを共有できる関係性も重要です。

3 コミュニケーション

出産等で家庭内の状況が変わると、2人のコミュニケーションにも変化が生じます。お互いの気持ちや意見をきちんと聞き、理解し合うことが大切です。**お互いに感謝の言葉や励ましを伝え合い**、「やって当たり前」を相手に押し付けないよう意識してみましょう。

4 2人の時間を作る

育児や家事に追われると、2人の時間が減りがちです。子どもと一緒に過ごす時間だけでなく、**夫婦だけの時間も大切にしましょう**。頼れる家族や友人にお願いしたり、ベビーシッターなどを活用したりすることで2人の時間を作りやすくなります（なお、1人だけの時間がほしいときも当然あるでしょうから、それもパートナーへしっかり伝えて時間を作れるよう工夫してみましょう）。

5 外部サポート・サービスの活用

育児や家事のサポートとして、**自治体や民間のサービスを活用する**こともひとつの方法です。**産後ケア施設・事業**もそのひとつで、費用補助が出るものもあります。プロフェッショナルのアドバイスや助けを求めることで、日常の負担が軽減されるでしょう。

なお、こうした風潮はとても大事ですが、**男性側への負担やプレッシャーを無視してよいというわけではありません**。男性も産後うつ病を発症することがありますし、何より「育児等を積極的にしたいけど仕事を休めない、具体的にどうしたらいいのかわからない」と困っていたり悩んでいたりする男性もいます。**妊娠・出産・育児に関して男性への支援やサポートが不足している**ことも、社会における課題のひとつでしょう。この点についても、社会全体でこれから改善されていくことを切に望みます。

Column 6

ティーネイジャーにとっての産婦人科

多くの女性にとって、産婦人科を受診するきっかけは月経痛や月経不順、妊娠であることが一般的でしょう。しかし、例えば**アメリカでは13〜15歳の女性に無症状でも産婦人科受診を推奨しています**[*1]。その理由は、体の発達状況や月経の問題を早期にチェックすることが女性の身体や健康にとってとても重要だからです。

思春期は女性ホルモンの分泌が活発になり、初経が起こります。**14〜15歳で初経がない場合、診察や検査が推奨されています**。また、思春期では月経周期が不規則になりがちですが、大きく外れる場合やなかなか安定してこない場合にも診察が必要です。

過多月経の場合、若くても**子宮筋腫や子宮腺筋症などの疾患**が隠れている可能性があります。月経痛がひどい場合には、**子宮筋腫や子宮内膜症**が潜んでいるかもしれません。月経前に気分が不安定な場合、**月経前症候群（PMS）**の可能性があります。早期の産婦人科受診によって病気の悪化を防ぎ、月経周期による体調の変化に悩まされずに学校生活やスポーツなどを楽しむことが可能になります。

性感染症予防や避妊も重要です。思春期には性的興味が出てくることは自然であり、本人も親御さんも、初めての性交渉がいつになるかを正確に予想できるわけではありません。正しい知識を持たない性交渉では、感染や妊娠のリスクが高まります。産婦人科では、**性感染症の予防方法**を学び、検査を受けることができます。また、**避妊方法についてきちんと知ること**も大切です。例えば、低用量ピル（経口避妊薬）は避妊成功率が約99%と高く、将来の妊娠に悪影響を与えず、10代でも使用可能です。

また、特に10代では子宮頸がんについて知っておくことも重要です。原因となるヒトパピローマウイルス(HPV)感染は、**初回性交渉前にHPVワクチンを接種することで大部分を予防できます**。加えて、20歳以降は子宮頸がん検診を2年に1回受けることも大切です。

産婦人科受診では、必ずしも内診が行われるわけではありません。低用量ピルは問診や血圧測定だけで処方できることもありますし、経腟超音波検査をお腹から代用することも可能です。**内診が不安な場合はぜひ事前に相談してみましょう**。受診時には、聞きたいことや困っていることをメモしておくとスムーズな診察が可能です。

ぜひ、ティーネイジャーの若い女性も気軽に産婦人科を受診できるよう、親御さんからお子さんへもお話ししてみてくださいね。

*1 ACOG. FAQ. Your First Gynecologic Visit.

第6章

自分のからだを見つめよう

—

一生の健康に役立つ知識

婦人科一般

不正出血を甘くみないで

女性にとって、10代前半から閉経を迎えるまで、通常は月経が定期的に起こります。月経は、妊娠できるよう子宮の状態が整った（子宮内膜が分厚くやわらかくなる）後に、妊娠しなかったことでリセットが起こる現象です。

ところが、**周期的な月経以外に性器出血が起こる**こともあり、それを**不正（性器）出血**と呼びます[57]。真っ赤な血液として出てくることもあれば、**ピンクや茶色いおりもの**として出てくることもあります。

ここでは、不正出血に潜む危険性や注意点、受診の目安を解説します。

不正出血が起こる原因はさまざまですが、**図38**のようなものが代表的です[58]。

図38 不正出血が起こる原因

- 女性ホルモンの変動
- 排卵
- 性行為
- 腟や子宮頸管の炎症（細菌性腟症、子宮腟部びらん、性感染症など）
- 子宮の腫瘍（子宮頸がん、子宮体がん、子宮筋腫、子宮のポリープなど）
- 妊娠中の合併症（切迫流産や異所性妊娠）
- 全身の出血性疾患（血小板減少症、凝固因子異常など）
- 薬の影響（ホルモン剤や抗凝固薬など）

不正出血の中でも特に多くみられる原因は**「女性ホルモンの変動」**で、思春期（ホルモンの分泌調整が未熟）や閉経前（ホルモンの分泌が不安定になる）などで特に起こりやすいものです。

ただ、心身のストレスや生活環境の変化、体重の増減などによっても女性ホルモンは容易に変動しやすく、**いつでも不正出血は起こる可能性があります。**

病院を受診すべき目安もお伝えしておきます。原因にかかわらず、次のようなときは産婦人科をなるべく早く受診しましょう。

【一般的な受診の目安】

- **不正出血が1週間以上続いている**
- **不正出血を繰り返している**

【救急受診の目安（危険性が高い状況）】

- **出血量が多い（普段の月経のような量）**
- **顔色が悪い、意識がぼうっとする、ふらふらする**
- **強い腹痛がある**
- **妊娠している可能性がある**

不正出血の原因を調べるために、産婦人科では**内診や超音波検査、子宮頸がん・体がん検査、性感染症検査など**を状況に合わせて実施します。

原因が特定できれば、その原因に対する治療を行います。子宮筋腫などの目に見える病気がなく、ホルモン変動による不正出血だと考えられた場合には、**低用量ピルを使うことも多いです。**

不正出血を甘くみず、早めに産婦人科で相談してみてくださいね。

Q 低用量ピルってどんなもの？

A 2種類の女性ホルモン（エストロゲン・プロゲステロン）が含まれている薬剤です。避妊、月経周期の調整、月経の移動など（自費）や、月経困難症（保険診療）に使用します。含まれるホルモンの微妙な違いによってピルにはいくつか種類があり、体質に合う（副作用が出にくい）ものを見つけることが重要です。

婦人科
一般

月経不順と無月経の危険性

月経不順と**無月経**は頻度が高い月経関連のトラブルです。日々の不安につながりますし、**婦人科疾患**が隠れていることもあれば、**将来的な健康問題**を引き起こす恐れもあります。

月経不順は、**月経サイクルが一定でないこと**を指します。通常、月経サイクルは25～38日間隔ですが、月経不順では**周期が短すぎる、長すぎる、または不規則な状態**です。月経不順は心身のストレス、ホルモンバランスの乱れ、体重の増えすぎや肥満、過激なダイエット、運動不足などが原因となります。[59]

無月経とは、**月経が3ヶ月以上来ない状態**を指します。無月経の原因はさまざまで、心身のストレス、極度の栄養不足、体重の増えすぎや肥満、過激なダイエットや痩せすぎ、更年期、甲状腺機能低下症、多嚢胞性卵巣症候群（ＰＣＯＳ）や黄体機能不全などが挙げられます。[59]

月経不順と無月経は痛みがなく出血が多いわけでもないので放置されやすいのですが、次のような疾患が隠れていたりリスクにつながったりする危険性があります。

- **不妊症**
- **子宮筋腫、子宮内膜症、子宮体がんなどの婦人科疾患**
- **骨密度低下や心血管疾患などのリスク増加**

月経不順や無月経が続く場合には、次の目安を参考に、産婦人科を早めに受診しましょう。

- **月経が3ヶ月以上来ない**
- **月経周期が短すぎる（24日以内）または長すぎる（39日以上）**
- **月経量や痛みが増していて日常生活に影響がある**
- **月経前に不快な症状が強い（月経前症候群の疑い）**
- **妊活や不妊治療を考えている**

治療方法は原因によって異なりますが、ホルモン療法（低用量ピルなど）、生活習慣の改善、体重コントロール、日常生活におけるストレス調整などがあります。

次に、セルフケアを紹介しておきますので、参考になさってみてください。ただし、くれぐれも様子をみすぎず、右記の受診の目安を忘れないようお願いいたします。

- **健康的な食事と適度な運動を心がけ、痩せすぎや太りすぎを避ける**
- **ストレスを減らす工夫を試す**（難しいですが……）
- **睡眠環境と睡眠の質を向上させる**（睡眠時間の確保はとても重要です）
- **カフェインやアルコールの摂取を減らす**（月経に悪影響が出やすいです）

Q 月経周期が変わることはありますか？

A 女性の月経周期は年代によって変動します。思春期には初潮が起こり、最初の数年間は不規則なことが一般的です。20代前半からはホルモンバランスが安定し、月経周期が規則的になることが多いですが、30代後半からは卵巣機能の低下で周期が短くなることがあります。40代後半から50代の更年期には月経周期が不規則になり、最終的に閉経を迎えます。

婦人科一般

婦人科の病気と妊娠・出産の関係

婦人科疾患は妊娠・出産にさまざまな影響を与える可能性があるので、初めての妊娠前も、第二子以降を考える際も、適切なプランを立てることが大切です。代表的な疾患について解説します。

1 子宮筋腫

子宮筋腫は良性の腫瘍で、子宮のいろいろな部分に発生します。妊娠への影響は筋腫の大きさや位置によって異なりますが、**不妊、流産、早産のリスクが高まる場合があります**。妊娠中に筋腫部分に強い痛みが生じる人もいます。

また、出産時に子宮筋腫があることで陣痛（子宮の収縮）がうまく起こらず、**分娩が遅れたり帝王切開が必要になったりすることもあります**。

2 子宮内膜症

子宮内膜症は、**子宮内膜組織が子宮内面以外にも生じる疾患**です。子宮内膜症は不妊の代表的な原因のひとつです。妊娠中はホルモンの変化により症状が軽くなりやすいですが、**流産や早産のリスクが高まることもあります**。

3 子宮腺筋症（せんきんしょう）

子宮腺筋症は、**子宮内膜組織が子宮の筋層に生じて子宮が腫れてしまう疾患**です。妊娠に対する直接的な影響は比較的少ないものの、子宮筋腫と同様に、陣痛がスムーズにこず**難産や帝王切開になることがあります**。

4 子宮頸管ポリープ

子宮頸管ポリープは、**子宮頸部に発生する良性の腫瘍**です。妊娠中に出血しやすい場合があり、**子宮内感染や流産、早産を引き起こすこともあります**。また、ポリープのサイズが大きくなると妊娠中に摘出手術が必要となる可能性があります。

5 子宮頸がん

妊娠中の子宮頸がんは稀（発生率は1・8〜10・9人／10万人）ですが、非妊娠時の子宮頸がんに比べてより若い女性に見つかりやすいとされています[60]。妊娠初期検査で見つかった場合、**進行度によっては治療のために妊娠の継続をあきらめなければならないこともあります**。また、がんが子宮頸部にあるため、出産時には**帝王切開が必要になることもあります**。

これらの婦人科疾患が妊娠・出産に与える影響は、病状や個々の状況によって異なりますので、担当医にしっかりと相談しましょう。

また、できれば**妊活や不妊治療を始める前に婦人科検診を受けておくと安心**でしょう。最近ではブライダルチェックという名称で妊娠を想定した婦人科ドックを受けられるところも増えています。

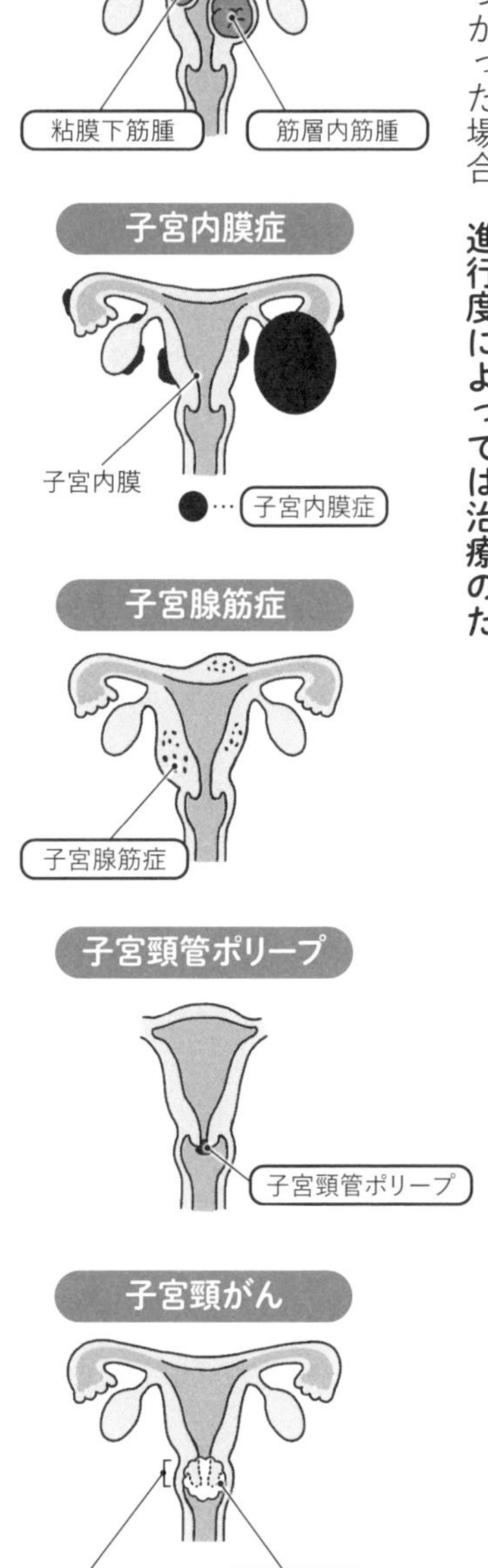

婦人科
一般

生理痛(月経困難症)への対応とピルの話

月経がある年代の女性の概ね3人に1人は、生理のときに何らかの辛い症状を感じており、生理痛はその代表です。

重い生理痛とは「**生理期間中に痛み止めが手放せない、または生活(勉強、仕事、スポーツなども含む)に支障が出るような生理痛**」であり、医学的にこの状態を「**月経困難症**」と呼びます[61]。痛みのほかに頭痛、吐き気、下痢、めまい、だるさなども月経困難症の症状で、種類や程度は個々人によって異なります。

産婦人科を受診してほしい症状の目安は次の通りで、月経痛が重いだけでなく、**子宮内膜症や子宮腺筋症、子宮筋腫などの疾患が隠れている可能性**もありますす。適切な治療で痛みが激減することも多いですので、ぜひ早めに産婦人科で相談してください。

- **鎮痛薬を使っても痛みが十分に緩和されない**
- **月経痛によって日常生活が辛い、ストレスフル**
- **月経不順や月経過多を伴っている**
- **性交痛や排便痛がある**

生理痛への医学的な対処法は何種類もあります[62]。

【鎮痛薬】
NSAIDs(エヌセイズ)(非ステロイド性抗炎症薬)という種類が有効です。痛みが出始めたらすぐに服用すると効果的。

【ホルモン剤】

低用量エストロゲン・プロゲスチン配合剤（LEP製剤：**いわゆる低用量ピル**）や**ジエノゲスト**などが使われます。月経周期を整え、痛みや出血量を軽くする効果があります。加えて、低用量ピルよりエストロゲン含有量が少ない**超低用量ピル**というものもあります。**吐き気や頭痛などの副作用が出にくい**ことが特徴で、最近では最長120日間連続で服用できるタイプも登場しています。状況によって保険適用になります。

【子宮内システム（ミレーナ®）】

ホルモンを放出する子宮内挿入型の医療器具です。月経痛や過多月経に効果が高く、最長5年間効果が継続し、全身への副作用が少ないというメリットがあります。

子宮内システム（ミレーナ®）

子宮

子宮内膜

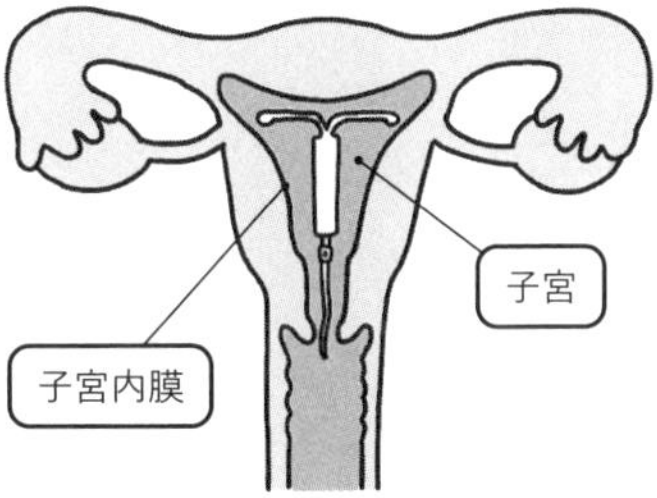

黄体ホルモンを少しずつ放出し続け、子宮内膜が厚くなるのを抑える

【漢方薬】

体質改善や血行促進、痛みの緩和が期待できます。

セルフケアも大切です。ぜひ可能な範囲で試してみてください。ただし、セルフケアだけで完全に月経痛がなくなることはありませんので、医学的な対処法と組み合わせることが重要です。

【温熱療法】

湯船に浸かる、ホットパックを下腹部に当てるなど、**子宮周囲を温めることで痛みが和らぐことは多い**です。

【適度な運動】

ウォーキングやストレッチなどの軽い運動は血行を促進し、体質が改善され、痛みが和らぐことがあります。

【食生活の見直し】

バランスのよい食事やビタミン、ミネラルを摂取し、カフェインやアルコールを控えることが症状軽減に役立ちます。

婦人科
一般

知っておきたいPMSとPMDD

月経前症候群（PMS）と月経前不快気分障害（PMDD）という疾患を聞いたことがあるでしょうか。PMSは「**月経開始の3～10日前から始まる心身の症状で、月経開始とともに改善するもの**」です。

PMDDは「PMSと同時期にイライラ、不安、落ち込みのような**精神症状がメインで、PMSより症状が重いもの**」です。[63]

PMSはかなり多くの女性に大小の影響を与えていると考えられており、PMDDは症状が重いため日常生活さえままならないことも少なくありません。

主な症状

・**PMS：腹痛、頭痛、乳房の張り、腰痛、むくみ、不安、イライラ、気分の変動、だるさ**など。

・**PMDD**：PMSの症状に加え、**極度の不安、憂うつ、怒り、自己否定感、集中力低下、自分を傷つけてしまいたくなる気持ち**など。

原因

PMSおよびPMDDの原因は完全に解明されていませんが、**ホルモンの変化**が関与していると考えられています。[63] 特に、月経周期に伴う**プロゲステロンとエストロゲンの変動が、脳内の神経伝達物質の働きに影響を与える**とされています。

なお、女性ホルモンが不安定なのではなく、しっかりと分泌されているが故に起こっているものだと考えられています。

● 主な治療法

【ホルモン療法】

低用量ピルやプロゲステロン製剤により、ホルモンバランスを整えることで症状が緩和されます。

【鎮痛薬】

主に**ＮＳＡＩＤｓ（非ステロイド性抗炎症薬）**が、頭痛や腹痛などの身体的症状に対して処方される場合があります。

【抗うつ薬】

ＰＭＤＤの場合には、主に**ＳＳＲＩ（選択的セロトニン再取り込み阻害薬）という抗うつ薬**が処方されることがあります。

● 普段からできるセルフケア[63]

【適度な運動】

ウォーキングやストレッチなどの軽い運動習慣により、症状が少し軽減できる場合があります。

【バランスのよい食事】

ビタミンB6、マグネシウム、カルシウムなどを含む食事をとり、カフェインやアルコールの摂取を控えましょう。

【ストレス管理】

リラクゼーション（瞑想、ヨガ、深呼吸など）や適度な休息を取ることで、ストレスを軽減しましょう。また、7〜8時間の睡眠をしっかりとりましょう。

【月経周期の記録】

2〜3ヶ月の月経周期を記録し、体調が悪くなるタイミングを把握することで無理のない生活を送るよう工夫することも大切です。

これらのセルフケアが有効な場合もありますが、**症状が改善しない、または悪化する場合や、心配が強い場合には、早めに産婦人科を受診してください**。その際に、2〜3ヶ月の月経周期を記録しておき、症状の強さやタイミングを一緒に伝えられるとスムーズに診察を受けることができるでしょう。

婦人科
一般

「セルフプレジャー」について知ってほしい3つのこと

セルフプレジャー（自慰行為、マスターベーション）は、性的快楽や喜びのために自分自身の性器を刺激する行為であり、性別を問わず**人間の性的な経験の正常かつ健全な要素のひとつ**と考えられています。

セルフプレジャーは、性的発達の正常かつ健全な一要素です。自分の身体について知る機会になりますし、**ストレスを軽減したり、睡眠を改善したり、苦痛を和らげたりするなど、多くの健康上のメリットがあります**[64]。

また、定期的にセルフプレジャーを楽しむ人もいれば、まったくしなくても平気な人もいます。**このどちらも、まったく問題ありません**。

ただ、正しい知識と情報を持っておくことは大切ですので、ここではセルフプレジャーについて大事な3つのポイントをお伝えします。

● セルフプレジャーに関する3つのポイント

1 自然かつ健全な行為である

2 するもしないも、好きも嫌いも、個々人の自由である

3 健康上のメリットがある

1と2については冒頭でも述べた通り、これは各自が自由にすればいいことで、他人に口を出すものでもなければ、出されるものでもありません。3について、メリットをもう少し詳しく書いておきます。

・精神的な幸福感や安心感が得られる

セルフプレジャー、そしてその結果として起こるオーガズムは、快感と幸福感をもたらすホルモンである**エンドルフィン**を分泌させます。エンドルフィンは、**ストレスに対する反応をコントロールする効果**があり、多くの場合には気分を向上させ、気持ちを落ち着かせる働きがあります。

・**月経痛を軽減する可能性**

セルフプレジャーとオーガズムは、エンドルフィンだけでなく**オキシトシン**というホルモン分泌を促進します。これにより、**心身がリラックスし、ストレスを軽減する作用**があります。

そして、オキシトシン分泌の促進と月経痛の軽減に関連があるという研究報告もあります[65]。

・**ポジティブなボディイメージ**

女性の場合、セルフプレジャーの頻度が高い人は、身体への快感や満足度が高まることで**自己肯定感が向上する**というデータがあります。また、**睡眠の質を高め**、ストレスを軽減し、リラックスできることも報告されています[66]。

また、ほかにも、セルフプレジャーを通じて自分の好きなこと・嫌いなことや気持ちのよい部分・よくない部分に気づき、**自分自身の性的な理解が深まりやすくなるでしょう**。加えて、パートナーとのセックスでオーガズムが得られない場合に、セルフプレジャーが解決への第一歩となる可能性もあります。

注意点として「手やグッズは清潔にしておく」「性器を床や布団などに擦り付けることはしない（通常のセックスで快感を得にくくなる可能性があるため）」なども覚えておいてくださいね。

なお、**セルフプレジャーは妊娠中や産後にも実施できます**。手指やグッズを清潔に保ち、体調が優れないときは控えましょう。特に妊娠中では腟内感染や出血のリスクを減らすため、腟内への刺激は控えるほうがよいでしょう。

誤解や偏見がなくなり、セルフプレジャーが自分自身の身体や心と向き合ってみる機会になれば幸いです。

婦人科
一般

子宮頸がんの予防に重要なHPVワクチン

子宮頸がん予防に有効なHPVワクチンは、**性行為に伴うヒトパピローマウイルス（HPV）の感染を予防することで、子宮頸がんの発症リスクを低減するワクチン**です。特に、**9価HPVワクチン**は従来のワクチン（2・4価）よりも高い感染予防効果があります。[67]

HPVは、性行為の経験がある男女では8割以上で一度は感染したことがあると言われているほど、誰にでも関係のあるウイルスです。

なお、基本的には半年間かけて合計3回の接種が必要です。3回の接種途中でワクチンの種類を変更する場合の有効性・安全性は確認されていないため、**3回とも同じワクチンを接種する**ことが推奨されています。

9価ワクチンに限り、1回目の接種を小学校6年生の年度から15歳の誕生日の前日までに受け、その後に5ヶ月以上あけて2回目の接種を受けた場合には、合計2回接種で完了できます。

図39 HPVワクチンの接種間隔

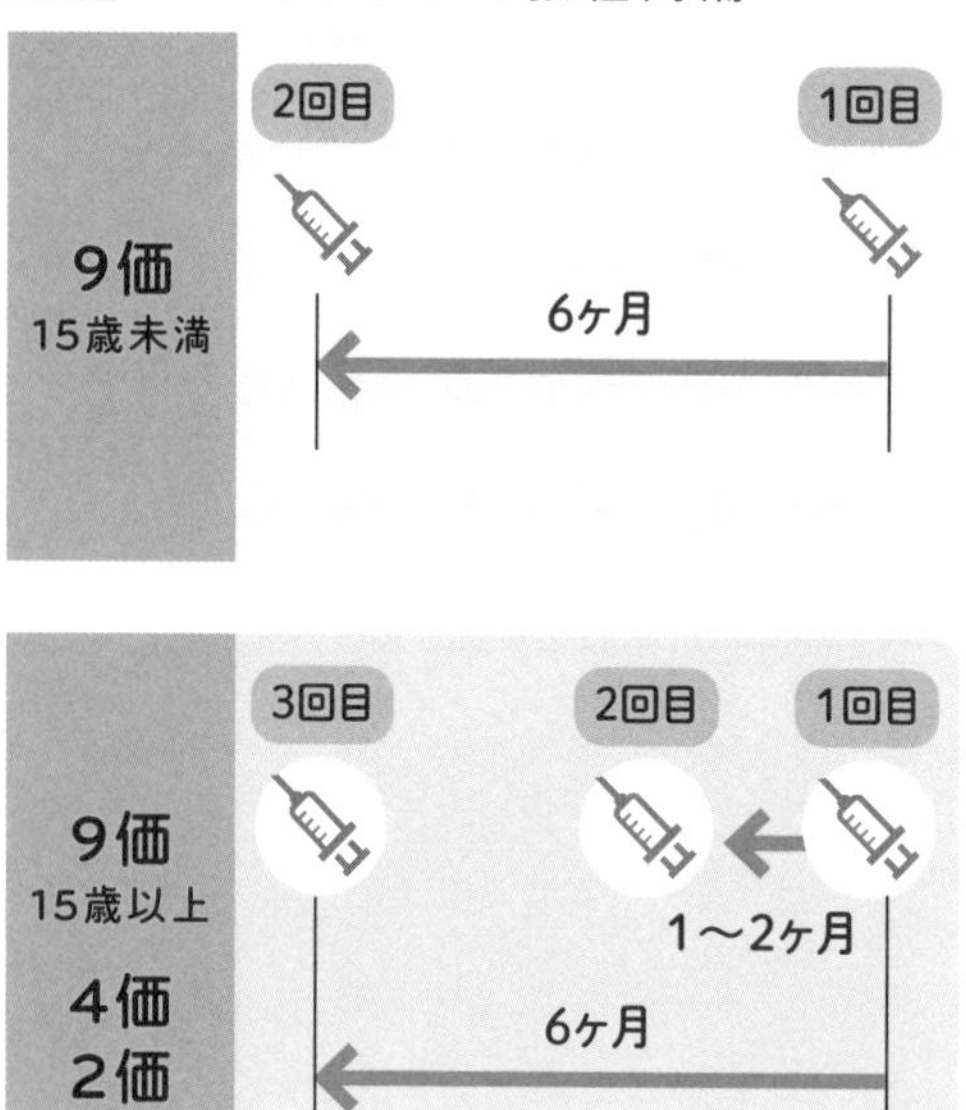

HPV（ヒトパピローマウイルス）ワクチンのQ&A

接種方法や安全性は？

- 接種方法：肩への筋肉注射
- 一般的な副反応：
  注射部位の痛みや腫れ、軽い発熱などがありますが、ほとんどは軽度で一過性です。

Point

日本では2013年に副反応が疑われる症状を経験した女性がマスメディアによって多く報道されたため、副反応が起きやすいワクチンというイメージがあるかもしれません。しかし、国内外の多数の研究によって、「HPVワクチンの接種が特別に重い副反応を引き起こすわけではない」ということが確かめられていますし、世界中の多くの国で子ども向けの接種が推奨されています[67]。

誰が無料で接種できる？

- 小学校6年生～高校1年生（相当の学年まで）の女子
  ※日本では2013年4月からHPVワクチンが定期接種の扱いとなっています。
- 1997年4月2日～2007年4月1日に生まれた女性
  ※2022年4月1日から25年3月31日までの間、無料接種の対象者が拡大されており、キャッチアップ接種と呼ばれています[68]。
  ※23年4月1日から9価ワクチンも無料接種の対象に加えられました。
  ※詳しくは厚生労働省の資料をご覧ください[68][69]。

HPVは性行為で感染するため、男の子（男性）が接種することも大切ですが、23年6月現在では自費接種となっています。

おすすめの情報サイト

- 「みんパピ！ みんなで知ろうHPVプロジェクト」
  https://minpapi.jp/

筆者が理事を務める「みんパピ！ みんなで知ろうHPV プロジェクト」では、子宮頸がんやHPVワクチンについて、イラストを豊富に使ってわかりやすく情報提供しています。ぜひウェブサイトを参照してください。

ワクチンを打っても定期検診は必要？

- 必要です！
  定期的な子宮頸がん検診には以下のメリットがあります。
  ・前がん病変（異形成）の発見
  ・子宮頸がんの早期発見・治療が可能となる
  ＝より健康を守ることができます。

婦人科一般

とても大事な婦人科検診

婦人科検診と聞くと、何を思い浮かべるでしょうか？　多くの人は、内診をしてから子宮がんのチェックをする、というイメージかなと思います。

一方で、「**卵巣がんの検査**はできるの？」「**子宮体がん**は通常の検診で発見できるの？」「**乳がん**をオプションにつけたほうがよい？」などの質問を受けることも多いです。

ここでは、婦人科検診について詳しくお伝えします。まず、重要な点を図40にまとめました。

●子宮頸がん・乳がん検診

子宮頸がんは、**ヒトパピローマウイルス（HPV）の感染が原因で、感染から5〜10年以上かかって異常な細胞が増殖します。**子宮頸部細胞診（子宮頸部をブ

図40　婦人科検診のポイント

婦人科検診	状況によって指す内容が異なるため具体的な検査ごとに覚えておいたほうがよい。
*子宮頸がん検診	20歳以上の女性が2年に1回受けることを推奨されていて、同時に内診(触診)を実施する。
卵巣がん	初期のうちで発見することが難しく、定期検診が定められていないが、子宮頸がん検診に超音波検査をセットにすることで卵巣のチェックもしてもらえる。
子宮体がん	検査は痛みや出血を伴う上に無症状の人に実施しても異常が見つかる確率が低いため、定期検診が定められていない。
*乳がん検診	40歳以上の女性が2年に1回受けることを推奨されていて、主にマンモグラフィ(乳房X線検査)が実施される。

*子宮頸がんと乳がんの検診はお住まいの自治体で検査料金の補助が出ることが多いので確認を。

ラシやヘラでこすって細胞を採取する）を用いた**子宮頸がん検診によって、細胞の異常を早期に発見することができます。**

乳がん検診は乳がんの早期発見につながります。早期発見・早期治療によって、治療の成功率が高まることが期待できます。なお、乳がんは20～30代では発生する頻度が低いため定期検診の対象になっていませんが、ご自身で定期的に乳房を触診し、**しこりなどの異常がないかを確認することは早期発見に役立ちます。**入浴やシャワー、着替えのときなどに、乳房の状態をセルフチェックしてみましょう。[70]

● 子宮体がん・卵巣がんの検査

子宮体がんは、**子宮の内側に生じるがん**です。検査では子宮鏡を腟に挿入して、子宮内の奥に細いチューブやブラシを入れて、子宮内膜の細胞を採取します。細胞を採取するときに痛みや出血を伴うことが多いです。

子宮体がん検査は定期検診にはなっておらず、オプション扱いです。理由としては、痛みや出血など検査時の負担がある一方で、若い人や不正出血などの自覚症状がない人に検査をしてもがんが見つかる頻度が低いためです。**不正出血を繰り返す、閉経を迎えたのに不正出血がある、**という人はぜひ産婦人科を受診して子宮体がん検査を受けてくださいね。

卵巣がんについては、定期的な検診を受けることで死亡率を下げるという有効性は証明されていないため、定期検診には含まれていません。ただ、経腟超音波検査で（良性のものも含めて）卵巣の腫れが見つかることもありますので、**オプションとしてセットで受けることは一定の意義がある**と思います。

定期的な婦人科検診を受けることは、ご自身の健康を守るためにとても大切です。少なくとも、**子宮頸がん検診**と**乳がん検診**は、対象年齢になったら定期的に受けるようにしてくださいね。

婦人科一般

誤解されがちな避妊法のあれこれ

「避妊方法」と聞くと、どのようなものが思いつきますか？　コンドーム、リズム法、膣外射精といった手軽で低コストな手段が思い浮かぶかもしれませんが、これらの方法では**避妊効果が高いとは言えません**。

一方で、**ホルモン剤を利用した避妊法は避妊効果がより確実**ですが、日本では使用率がわずか4～5％と低いままです。誤解や偏見を持たず、自分に適した避妊方法を選択できるようにしましょう。

● ホルモン作用のある避妊法 [71]

【経口避妊薬（低用量ピル）】

2種類の女性ホルモン（エストロゲンとプロゲステロン）が配合された内服薬で、1日1錠決まった時間に内服します。副効用として、月経困難症やニキビの改善効果、月経量の減少効果、卵巣がんや子宮体がんのリスク低下などもあります。飲み忘れがなければ避妊**失敗率は0・3％**と非常に低いです。

【子宮内システム（ミレーナ®）】

子宮内に挿入・留置するプラスチック製の避妊具です。プロゲステロンが徐々に放出されることで子宮内膜が厚くならず、受精卵の着床を防ぎます。月経血が減少するメリットも。**きちんと留置できていれば避妊失敗率は0・1％**と非常に低くなっています。また、一度挿入すれば最長で5年間使用できます。性行為の経験がない女性では挿入時に痛みが強い場合もありますので、産婦人科で相談してみましょう。

右の2つの方法は自費診療となりますが、月経困難症といった症状があり、診断がつけば、保険診療として処方することも可能です。また、使用を中止すれば1〜2ヶ月で妊娠可能となります。

● ホルモン作用のない避妊法[71]

【コンドーム】

日常的に使いやすいですが、**破損や着脱失敗などの可能性**がありますし、そもそも**男性の協力が必須**です。特有のメリットとして性感染症の予防ができますが、理想的な使用をした場合の**避妊失敗率は2%、現実的には15%**と言われています。

【子宮内避妊器具（銅付加型）】

子宮内に挿入・留置する金属またはプラスチック製の避妊具です。銅イオンが放出されることで受精と着床を防ぎます。（**避妊失敗率0・1%**）

【避妊手術】

男性はパイプカット（精管切断）、女性は卵管結紮（けっさつ）を行います。避妊効果は高いですが、一度手術をすると元に戻すことはできません。（**避妊失敗率 0・1〜0・5%**）

● 使うべきでない避妊法[71]

【リズム法】

基礎体温を測り排卵日を予測し、避妊の目安にする方法です。あくまで予想のため**失敗率は9〜25%**とかなり高いです。

【膣外射精】

射精を膣外にする方法ですが、射精前の段階で精液が少しずつ出ることもあり**避妊失敗率は高い（4〜19%）**です。

● 緊急避妊薬（アフターピル）[71]

妊娠を望んでいないにもかかわらず避妊をせずにセックスをしてしまった（性暴力を含む）、避妊を失敗したなどの場合に使う緊急手段です。**性交後72時間以内に、緊急避妊用のホルモン製剤**（主な商品名：ノルレボ、レボノルゲストレル）**を内服します**。なるべく早く飲むことで避妊効果が高まるのでスピードが大事です。2023年6月時点では薬局等で入手できず、医療機関で処方を受ける必要があります。

婦人科一般

セックスのお悩み（性交痛、オーガズム）

セックスは、快感だけでなく安心感や満足感を得られ、**日々の生活や人生を豊かにするためのパーツのひとつ**だと私は考えています。もちろんする、しないは個人の自由ですが、もし「セックスが好きじゃない」という理由が「痛い・不快だから」や「気持ちよくないから」であれば、それは改善できるかもしれません。

● 性交痛[72]

性交痛は、性行為中に発生する痛みを指し、主に外陰部、膣の入り口、膣内などで感じられる痛みです。腰、骨盤、子宮、膀胱などの痛みも性交痛に含まれます。

痛みは性行為の際に一過性に感じることもあれば、性行為後もしばらく続くこともあります。さらに、**痛みによって精神的ストレスが増し、パートナーとの関係が悪化することもある**でしょう。このような状況が不妊の原因になることも珍しくありません。

性交痛を経験したことがある女性は50〜75%と考えられており非常に多いことがわかります。

痛みの原因には次のようなものがあります。

- **身体的な特性**（膣の入り口や膣内の狭さ、組織の硬さ、痛みの感じやすさなど）
- **婦人科疾患**（子宮内膜症や卵巣嚢腫、膣炎、更年期障害など）
- **セックスをしたいという気持ち／欲求の不足**
- **性的興奮の不足**（性的刺激を受けた際の身体・感情の変化が乏しい）

- **前戯やセックスのやり方に問題がある**（乱雑、暴力的など）

痛みについて悩んでいる場合、早めにその原因を探し、対処することが望ましいでしょう。そのためには、産婦人科を受診し、隠れた疾患があれば治療を受けることが近道です。また、パートナーとの問題であれば、**対話によって解決策を探してみましょう。**

● オーガズム

具体的には「**身体が性的な緊張や圧力から解放され、性的興奮が最高潮に達した状態**」のことをオーガズムと呼びます。オーガズムに達すると、女性器だけでなく全身にとても強い快感を得られ、幸福感も得られます。

十分な性的刺激があるのに十分なオーガズムに至れない、至るまでに長時間かかる、またはまったくオーガズムを感じられないものを「オーガズム障害」と呼び、広い意味での「性機能障害」のひとつに含まれます。[73] なお、**オーガズムに至れなくても本人が特に悩んでいない場合は「オーガズム障害」とは呼ばれません。**2020年に日本で実施されたインターネットの調査では、女性の中で「セックスに関する悩み・コンプレックス」として「オーガズムに達することができない」と回答した人は21・5％でした。[74]

対処法としては次のようなものがあります。お悩みの人は、ぜひ試してみてください。

- **パートナーとの関係性を見つめ直す**（心地よく安心できる関係性になる）
- **セックスの際に工夫する**（ていねいな前戯やクリトリスへの刺激をしてもらうなど）
- **自身のボディイメージを改善する**
- **生活環境を改善する**（疲労やストレス軽減、性知識の向上など）
- **性交痛への対処**

なお、「性的快感を高めてオーガズムを！」という宣伝文句のサプリメントや外陰部に塗る製品は、科学的に効果が期待できないばかりか健康面に悪影響を及ぼす場合もありますので私はお勧めしていません。ご注意くださいね。

婦人科
一般

更年期と閉経に関する基礎知識

この本を読んでいる人の中には、「更年期なんて想像したことないくらい先のこと」と思う人もいれば「もう40歳前後だし更年期が心配」という人もいるでしょう。

更年期は**女性ホルモンの分泌量の変化によって女性であれば誰にでも訪れるもの**です。そして、そのタイミングでさまざまな心身の不調に悩まされる人は少なくありません。

ここで更年期についてもしっかりと知っておき、普段の生活習慣を意識して、早めに産婦人科を受診すれば、快適な生活につながるはずです。

● 更年期と閉経について

更年期とは、**閉経をはさんだ前後5年間の約10年間**のことをいいます。閉経が近づき、卵巣の機能が徐々に落ちることに伴って**ホルモンバランスが大きく変化すると、さまざまな体調変化や不快な症状が現れる**ことがあります[75]。

なお、「月経が来ない状態が12ヶ月間続いた」場合に、1年前を振り返って「月経が来なくなったときに閉経した」と判断することになります。**日本人の平均閉経年齢は約50・5歳**ですが、個人差が大きいです[75]。

● 更年期症状・障害

女性ホルモンは月経や妊娠に深く関わる以外にも、**脳・血管・骨・関節・泌尿器・皮膚粘膜・コレステロール代謝**などに影響しています。閉経前後には女性ホルモンの減少によって全身へ症状が生じやすく、閉経後の数年間にわたって症状が続く場合があります。
更年期症状は個人差がとても大きいため、中には症状をほとんど・まったく感じない人もいます。

一方で、**日常生活に支障が出るほど症状が重い場合は「更年期障害」**と呼ばれ、適切な治療を受けたほうがよい状態とされています。

● 更年期障害の治療法

辛い症状への治療法には、

- **ホルモン補充療法**（内服薬、ジェル、パッチなど）
- **漢方薬**
- **抗うつ薬**（精神症状が強い場合）

などがあります。

図41

更年期障害の症状

代表的な症状
「ほてり」「のぼせ」「発汗」
その他の症状
「肩こり」「不眠」「イライラ」「抑うつ」「頭痛」「関節痛」「便通の異常」「排尿障害」「性交痛」など
増加するリスク
・骨粗しょう症 ・動脈硬化 ・コレステロール異常

＊自覚症状のない場合も

また、更年期における**生活習慣の見直し**も大切です。ストレスを軽減するために、リラクゼーションや適度な運動、十分な睡眠、バランスのとれた食事、アルコール・カフェイン・タバコを控えるなどを心がけることが効果的です。特に、**大豆製品などのイソフラボンを含む食品**は、女性ホルモンに似た働きを持ち、更年期症状の緩和に役立つとされています（ただし、ほぼ効果のない人もいますので過信は禁物です）。

性交痛が辛い場合は、細菌感染などの異常がないことを確認の上で、**潤滑ゼリーの使用やホルモン補充療法**で改善が期待できます。

なお、更年期症状の強さには

1 **ホルモンの変化**
2 **家庭や社会などの環境的要因**
3 **性格・ストレスの受け止め方など心理的要因**

の3つが影響しています。

2や3を改善することも症状緩和に役立ちますので、ぜひ意識の工夫や家族・職場との相談をしてみてくださいね。

婦人科一般

閉経後に気をつけたいこと

更年期については前項で説明しました。ところが、**健康的な生活を送る上では「閉経後」もとても大切**です。

まず、閉経後の注意点としては**「骨粗しょう症のリスク」が増加**します。骨密度が低下し、骨折しやすくなるため、**カルシウムとビタミンDの摂取**を意識し、適度に運動したり日光に当たったりすることが重要です。

また**「糖尿病・脂質異常症・高血圧のリスク」も増えます**。血糖値や中性脂肪、コレステロール、血圧の上昇を抑えるために、健康的な食生活と適度な運動を心がけましょう。禁煙や節酒も効果的です。

定期的に婦人科検診を受けることも大切です。乳がん検診や子宮頸がん検診は、少なくとも2年に1回は受けましょう。乳がんは女性がかかるがんの中でもっとも多く、**40代後半~70代で診断される患者数がピークになります**。[76] 子宮頸がんは**30代から診断数が急増し、50代までがピーク**ですが、それ以上の年代でも注意が必要です。[77]

子宮体がんは40代から診断数が急増し、50代でピークを迎えますがその後の年代でも注意が必要です。[78] 定期検診は推奨されていませんが、閉経後に不正出血があった場合には必ず検査する必要があります。

なお、更年期の項でも触れましたが、性交痛が辛い場合は、細菌感染などの異常がないことを確認の上で、**潤滑ゼリーの使用**や**ホルモン補充療法**で症状の改善が期待できます。

また、**「骨盤臓器脱」（子宮・膀胱・腸などが下がってきて膣内に膨らみが出てきてしまうもの）**はとても多くの高齢女性（早いと30～40代の女性にも）にみられる疾患です。初期症状として、**太ももの間に物が挟まったような違和感や不快感**を感じる人が多く、悪化すると排尿障害や排便困難、性機能障害（性行為へ支障が出る）なども起こるようになります。下着との摩擦によって痛みや出血が出ることもあります。

予防法として、**骨盤底筋体操**、慢性的な便秘や咳の治療、適正な体重の維持を心がけることなどが有効です。

治療法はいくつかあり、不快感が強く、日常生活に支障が出る場合には、**ペッサリー（シリコン製などのドーナツ状のリング）**の膣内挿入や手術を行います。

受診すべき症状の目安もお伝えしておきます。**図42**のような症状があったら、早めに医療機関を受診しましょう。

図42 受診すべき閉経後の症状と考えられる病気の例

- 急激な体重変化 → 甲状腺疾患や悪性腫瘍（がん）など
- 改善しない不眠や睡眠障害 → 甲状腺疾患や精神疾患（うつ病など）、悪性腫瘍など
- うつ症状や強いだるさ → 甲状腺疾患や精神疾患（うつ病など）など
- 不正出血 → 骨盤臓器脱や子宮頸管ポリープ、子宮の悪性腫瘍など
- 乳房のしこりや変形 → 乳房の良性/悪性疾患
- 膣のかゆみやおりものの異常 → 膣内感染症や骨盤臓器脱など
- 太ももの挟まったような違和感 → 骨盤臓器脱など

婦人科
一般

男性にこそ知っておいてほしい女性のからだ

日本では、まだまだ家庭や学校における包括的性教育[79]が普及しておらず、**生きていく上で必要な性の知識を若いうちに獲得しにくい状況**だと言えるでしょう。しかしながら、社会で生きていく上で異性と接することはほぼ避けようがないですし、**男性・女性の違いや、ジェンダーに関する知識を学んでおくことはとても大切**です。ここでは、男性に知っておいてほしい女性の体のあれこれについてまとめます。

●月経関連

生理（月経）についての知識を男性が持つことは、**女性の健康や生活を理解し、サポートする上で役立ちます**。カップルであれば、月経周期に合わせて生活やお出かけの調整や工夫をしやすくなりますし、月経量が多い・月経痛が重いなどの異常に対して産婦人科受診を勧めることもできるでしょう。

〈男性も知っておこう！〉

- **月経や排卵のメカニズム**（→p160）
- **月経に伴う疾患や異常**（**月経困難症、過多月経、無月経、月経前症候群など**）（→p162、166、168）
- **低用量ピルや子宮内システムなどの治療手段**（→p161、163、167、169）

●妊娠・出産関連

妊娠可能性や不妊の原因についての知識を持つことは、パートナーの有無にかかわらず重要です。カップルでは、**妊娠を考える際にできるだけその成功確率を**

高めるための相互協力が不可欠となります。また、妊娠後の体調変化や出産～産後の身体ケアを知っておく必要もあるでしょう。

〈男性も知っておこう！〉

- **妊娠のメカニズム**（→p20）
- **妊娠しやすいタイミング**（→p19）
- **不妊の原因（男女それぞれ）**（→p20）
- **妊娠中の体調変化や合併症**（→p36、46、66、70、84、102）
- **出産～産後の身体変化**（→p120、128、136、138、140、142、146）
- **妊娠中～産後のうつ病**（→p144）

● 更年期以降

更年期やそれ以降の女性の体に関することも重要です。家庭や職場において、**更年期や女性特有のがんについて知っておくことは相互理解や異常の早期発見、仕事の調整などに役立つ**でしょう。

〈男性も知っておこう！〉

- **閉経、更年期とよくある症状**（→p180、182）
- **女性特有のがん（子宮頸がん、子宮体がん、乳がん）**（→p165、172、174）

● セックス関連

避妊以外にも、セックスに関して知っておくべき知識はたくさんあります。アダルトビデオや誤ったインターネット情報ばかりを参考にしていると、**実際のセックスの際に女性を傷つけたり、性感染症に悩まされてしまったりする**でしょう。

〈男性も知っておこう！〉

- **膣や子宮頸部の構造や弱さ（乱暴なセックスでは簡単に傷付き出血します）**
- **それぞれの避妊法の特徴（膣外射精や安全日での中出しでは結構な確率で妊娠します）**（→p176）
- **緊急避妊薬（費用や72時間以内に服用する必要があることなど）**（→p177）
- **性感染症の種類（コンジローマや淋菌では男性にもかなり強い症状が出ます）**

おわりに

最後になりますが、私が産婦人科医を目指した理由を少し紹介させてください。

産婦人科は、月経や出産というような、男性にとっては教科書を読んでもわかりづらく、自分が体験できない内容も含むため、学生時代はどちらかというと苦手意識があったくらいです。

しかし病棟実習の中で考えが変わりました。医師や助産師、看護師、そしてご家族などさまざまな立場の人が、出産現場では全力でお母さんと赤ちゃんだけに集中する。そして無事に産まれたら、みんなで喜ぶという経験が強烈に印象に残りました。産婦人科は、学生の私にとって「全力で頑張れて、次世代など未来にも貢献できる」という魅力があったのです。その後迷うことなく産婦人科医となり、今につながっています。

本書が多くの人の役に立つことができれば産婦人科医として非常にうれしいですし、それによって「女性が明るく笑顔で過ごせる世界」に一歩近づけるような気がしています。皆さんのこれからの健康と幸せを心から願っております。

また、お力添えいただいたKADOKAWAの川田央恵さん、編集の杉本透子さんに深く感謝申し上げます。

産婦人科医　重見大介

参考文献

序章　妊娠前に知っておきたいこと

- **p10…「プレコンセプションケア」ってなに?**
  [1]WHO. Preconception care: Maximizing the gains for maternal and child health - Policy brief
  [2] 国立成育医療研究センター. プレコン・チェックシート.
- **p16…「ほしい子どもの数」で妊活時期が変わる**
  [3]Habbema JD, Eijkemans MJ, Leridon H, te Velde ER. Realizing a desired family size: when should couples start? Hum Reprod. 2015 Sep;30(9):2215-21.
- **p20…男女それぞれの不妊の原因**
  [4] 一般社団法人 日本生殖医学会. 生殖医療Q&A よくあるご質問. Q4. 不妊症の原因にはどういうものがありますか?
  [5] 一般社団法人 日本生殖医学会. 生殖医療Q&A よくあるご質問. Q22. 女性の加齢は不妊症にどんな影響を与えるのですか?
- **p24…高齢出産の本当のところ**
  [6] 一般社団法人 日本生殖医学会. 生殖医療Q&A よくあるご質問. Q23. 女性の加齢は流産にどんな影響を与えるのですか?
  [7] 厚生労働省資料.「不妊に悩む方への特定治療支援事業等のあり方に関する検討会」ワーキンググループ 報告書.

第1章　妊娠初期

- **p46…「妊娠糖尿病」は普通の糖尿病とはまったく違う**
  [8] 一般社団法人 日本内分泌学会. 妊娠糖尿病.
  [9]Sugiyama T. JMAJ. 2011;54:293-300. ▶ https://www.med.or.jp/english/journal/pdf/2011_05/293_300.pdf
- **p48…出産する場所についてのあれこれ**
  [10] 人口動態調査(2020年)
- **p50…切迫流産の正しい知識**
  [11] 一般社団法人 日本生殖医学会. 生殖医療Q&A. Q23. 女性の加齢は流産にどんな影響を与えるのですか?
  [12] 公益社団法人 日本産科婦人科学会. 流産・切迫流産.
- **p52…とても大事な妊娠初期の感染症チェック**
  [13] 厚生労働省. 母子健康手帳について.
  [14] 国立感染症研究所. トキソプラズマ症とは.
  [15] 国立感染症研究所. サイトメガロウイルス感染症とは.

第2章　妊娠中期

- **p58…赤ちゃんの推定体重にまつわる大事なポイント**
  [16] 公益社団法人 日本産科婦人科学会. 周産期委員会資料.
- **p60…妊婦さんの体重の本当に適切な増え方**
  [17] 厚生労働省. 妊産婦のための食生活指針. (2021年3月改定)
  [18]DOHaDと疫学. 日衛誌(Jpn. J. Hyg.)第71巻第1号 2016年1月.
- **p62…タバコを絶対にやめるべき4つの理由**
  [19] 厚生労働省. e-ヘルスネット. 女性の喫煙・受動喫煙の状況と、妊娠出産などへの影響.
  [20] 公益社団法人 日本産婦人科医会. 飲酒、喫煙と先天異常.
- **p68…この時期だからこそやっておきたいこと~運動、食事、口腔ケアなど~**
  [21]ACOG. Exercise During Pregnancy.
  [22]Vergnes JN, Sixou M. Preterm low birth weight and maternal periodontal status: a meta-analysis. Am J Obstet Gynecol. 2007;196(2):135.e1-7.
- **p70…妊娠中のセックス・本当のところ**
  [23]ACOG. Is it safe to have sex during pregnancy?
- **p72…胎動の異常をチェックする方法**
  [24]Moore TR, et al. Am J Obstet Gynecol 1989; 160: 1075-1080.
- **p74…貧血は赤ちゃんにも影響する?**
  [25] 日本人の食事摂取基準(2020年版)
- **p80…妊娠中の服薬について ~風邪、インフルエンザ、花粉症~**
  [26] 国立成育医療研究センターウェブサイト

第3章　妊娠後期

- **p88…逆子にまつわるウソ・ホント**
  [27]ACOG. FAQ. If Your Baby Is Breech.
  [28] 国立成育医療研究センター. 出産に際して知っておきたいこと. 骨盤位(さかご)とは.
- **p96…「切迫早産」の正しい理解はとても大切**
  [29] 公益社団法人 日本産科婦人科学会. 早産・

[63]NHS. PMS (premenstrual syndrome).

- **p170…「セルフプレジャー」について知ってほしい3つのこと**

[64]Cleveland Clinic. Masturbation: Facts & Benefits. ▶ https://my.clevelandclinic.org/health/articles/24332-masturbation

[65]Liu N, et al. Front Endocrinol (Lausanne). 2022 Feb 15;13:786271.

[66]Horvath Z, et al. Sex Med. 2020 Dec;8(4):740-751.

- **p172…子宮頸がんの予防に重要なHPVワクチン**

[67] 公益社団法人 日本産科婦人科学会. 子宮頸がんとHPVワクチンに関する正しい理解のために.

[68] 厚生労働省. ヒトパピローマウイルス(HPV)ワクチンの接種を逃した方へ〜キャッチアップ接種のご案内〜.

[69] 厚生労働省. 9価ヒトパピローマウイルス(HPV)ワクチン(シルガード9)について.

- **p174…とても大事な婦人科検診**

[70] 国立研究開発法人 国立がん研究センター. がん情報サービス. 乳がん　予防・検診.

- **p176…誤解されがちな避妊法のあれこれ**

[71] 女性の健康推進室 ヘルスケアラボ. 避妊.(厚生労働省研究班監修)

- **p178…セックスのお悩み(性交痛、オーガズム)**

[72]ACOG. FAQ. When Sex Is Painful.

[73]ACOG. FAQ. Your Sexual Health.

[74]【ジェクス】ジャパン・セックスサーベイ2020調査報告書.

- **p180…更年期と閉経に関する基礎知識**

[75] 公益社団法人 日本産科婦人科学会. 更年期障害.

- **p182…閉経後に気をつけたいこと**

[76] 国立研究開発法人 国立がん研究センター. がん情報サービス. 乳がん.

[77] 国立研究開発法人 国立がん研究センター. がん情報サービス. 子宮頸がん.

[78] 国立研究開発法人 国立がん研究センター. がん情報サービス. 子宮体がん.

- **p184…男性にこそ知っておいてほしい女性のからだ**

[79]United Nations Educational, Scientific and Cultural Organization (UNESCO). International technical guidance on sexuality education.

切迫早産
- **p102…妊娠中〜産後の腰痛対策**
[30]ACOG. FAQ. Back Pain During Pregnancy.
[31]Sklempe Kokic I, et al. Effect of therapeutic exercises on pregnancy-related low back pain and pelvic girdle pain: Secondary analysis of a randomized controlled trial. J Rehabil Med. 2017;49(3):251-257.

第4章　いよいよ出産！

- **p108…陣痛と「おしるし」の真実**
[32] 公益社団法人 日本産科婦人科学会. 周産期委員会報告資料.
- **p110…分娩誘発剤は出産時の強い味方**
[33]ACOG. FAQ. Labor Induction.
- **p112…「無痛分娩」「和痛分娩」という選択肢**
[34] 一般社団法人 日本産科麻酔学会. 無痛分娩Q&A. Q19. 海外ではどのくらいの女性が硬膜外無痛分娩を受けているのでしょうか?
[35] 一般社団法人 日本産科麻酔学会. 無痛分娩Q&A. Q14. 硬膜外鎮痛の副作用が心配です。
[36] 一般社団法人 日本産科麻酔学会. 無痛分娩Q&A. Q16. 硬膜外鎮痛を受けると赤ちゃんに影響はありませんか?
- **p122…いざというときに役立つ!　帝王切開講座**
[37] 厚生労働省. 令和2（2020）年 医療施設（静態・動態）調査（確定数）・病院報告の概況.
- **p124…帝王切開のよくある誤解**
[38]Yoshida T, et al. J Affect Disord. 2020;263:516-520.

第5章　産後のママのからだの回復

- **p130…お産入院中にやることとやっておきたいこと**
[39]Walker A. J Pediatr. 2010;156(2 Suppl):S3-S7.
- **p132…赤ちゃんが早く・小さく産まれたら……**
[40] 公益社団法人 日本産科婦人科学会. 早産・切迫早産
[41] 厚生労働省. 出生数及び出生時体重2500g未満の出生割合の推移.
- **p134…母乳育児をうまく進めるには?**
[42] 厚生労働省. 平成27年度 乳幼児栄養調査結果の概要.
- **p136…意外とやっかいな乳腺炎**
[43] 乳腺炎ケアガイドライン 2020
- **p140…産後の抜け毛をなんとかしたい!**
[44]Skelton, JB. Am. J. Obstet. Gynecol. 94(1),1966,125-9.
[45]American Academy of Dermatology. Hair loss in new moms.
- **p142…会陰切開と帝王切開のキズはいつ治る?**
[46]NHS. Recovery-Caesarean section.
- **p144…マタニティーブルーズと産後うつ病はどう違う?**
[47]ACOG. FAQ. Postpartum Depression.
[48]Obata S, et al. J Obstet Gynaecol Res. 2021;47(9):2990-3000.
[49]Fan S, et al. Asian J Psychiatr. 2021;56:102533.
[50]Nishigori H, et al. J Matern Fetal Neonatal Med. 2020;33(16):2797-2804.
- **p146…産後のセックス解禁はいつから?**
[51]NHS. Sex and contraception after birth.
- **p148…産後の月経再開についての疑問**
[52]NHS. Sex and contraception after birth.
- **p150…お母さんの産後1ヶ月健診は超重要!**
[53]Obata S, et al. J Obstet Gynaecol Res. 2021;47(9):2990-3000.
- **p152…注目される「産後ケア」の有効活用**
[54] 厚生労働省. 令和2年9月　「産後ケア事業の利用者の実態に関する調査研究事業　報告書」
- **p154…D-MER（不快性射乳反射）ってなに?**
[55]The Australian Breastfeeding Association. Dysphoric Milk Ejection Reflex (D-MER).
[56]Ureño TL, et al. Breastfeed Med. 2019;14(9):666-673.

第6章　自分のからだを見つめよう

- **p160…不正出血を甘くみないで**
[57] 公益社団法人 日本産科婦人科学会. 産科・婦人科の病気. 不正出血.
[58]ACOG. FAQ. Abnormal Uterine Bleeding.
- **p162…月経不順と無月経の危険性**
[59] 一般社団法人 日本女性心身医学会. 月経不順.
- **p164…婦人科の病気と妊娠・出産の関係**
[60] 日本がん・生殖医療学会. 妊娠中のがん.
- **p166…生理痛（月経困難症）への対応とピルの話**
[61] 一般社団法人 日本女性心身医学会. 月経困難症（月経痛）.
[62]ACOG. FAQ. Dysmenorrhea: Painful Periods.
- **p168…知っておきたいPMSとPMDD**

索引

太字は詳しい情報のあるページを示します。

重見大介 Daisuke Shigemi

産婦人科専門医、公衆衛生学修士、医学博士。株式会社Kids Public 産婦人科オンライン代表。大学病院の産婦人科で臨床を経験したのち、「女性の健康 x 社会課題」へのアプローチを活動の軸として、オンラインで女性が専門家へ気軽に相談できる仕組み作りや啓発活動、臨床研究、性教育などに従事。また、SNSやネットニュース等で医療情報を積極的に発信している。
Twitter　@Dashige1
ニュースレター　https://daisukeshigemi.theletter.jp/

病院(びょういん)では聞(き)けない最新情報(さいしんじょうほう)まで全(ぜん)カバー!
妊娠(にんしん)・出産(しゅっさん)がぜんぶわかる本(ほん)

2023年7月26日　初版発行

著　者　重見(しげみ)　大介(だいすけ)
発行者　山下　直久
発　行　株式会社KADOKAWA
〒102-8177　東京都千代田区富士見2-13-3
電話0570-002-301（ナビダイヤル）
印刷所　図書印刷株式会社
製本所　図書印刷株式会社

●お問い合わせ
https://www.kadokawa.co.jp/（「お問い合わせ」へお進みください）
※内容によっては、お答えできない場合があります。
※サポートは日本国内のみとさせていただきます。
※Japanese text only

定価はカバーに表示してあります。

ISBN 978-4-04-606256-7 C0077